《平谷博物馆》编委会

主　　编：崔　荩

副 主 编：王振红

执行主编：贾福胜　关迎春　郭小辉

编　　委：王卓林　胡瑞凤　刘海洋　郭建立　杨海霞

图片摄影：耿大鹏　刘九阳

平谷博物馆

北京市平谷区博物馆 编

中国戏剧出版社

图书在版编目（CIP）数据

平谷博物馆 / 北京市平谷区博物馆编. -- 北京：中国戏剧出版社，2019.4
ISBN 978-7-104-04754-4

Ⅰ．①平… Ⅱ．①北… Ⅲ．①博物馆－历史文物－介绍－平谷区 Ⅳ．①K872.13

中国版本图书馆CIP数据核字(2018)第263437号

平谷博物馆

责任编辑： 肖　楠
项目统筹： 李　静
责任印制： 冯志强

出版发行	中国戏剧出版社
出 版 人	樊国宾
社　　址	北京市西城区天宁寺前街2号国家音乐产业基地L座
邮　　编	100055
网　　址	www.theatrebook.cn
电　　话	010-63385980（总编室）
传　　真	010-63383910（发行部）

读者服务： 010-63381560
邮购地址： 北京市西城区天宁寺前街2号国家音乐产业基地L座

印　　刷	北京顶佳世纪印刷有限公司
开　　本	889mm×1194mm　1/16
印　　张	15.5
字　　数	300千字
版　　次	2019年4月　北京第1版第1次印刷
书　　号	ISBN 978-7-104-04754-4
定　　价	198.00元

版权专有，违者必究；如有质量问题，请与出版社联系调换。

目 录

序 / 1

前　言 / 1

第一章　洵河文明　辉煌平谷 / 001

　　第一单元　史前时期 / 005

　　第二单元　商周时期 / 024

　　第三单元　汉元时期 / 039

　　第四单元　明清时期 / 076

　　第五单元　近现代时期 / 100

第二章　京东乡俗　润土融生 / 119

　　第一单元　生产民俗 / 123

　　第二单元　生活民俗 / 133

　　第三单元　民间艺术 / 151

　　第四单元　桃俗文化 / 163

第三章　世纪阅报馆 / 169

第一节　清代报刊 / 173

第一单元　早期报料 / 174
第二单元　早期官报 / 178
第三单元　教会报刊 / 180
第四单元　清代新闻报 / 183

第二节　民国报刊 / 190

第一单元　民国名报名刊 / 191
第二单元　老北京新闻报 / 207

第三节　抗战报刊 / 213

第一单元　抗日战争时期报业 / 214
第二单元　解放战争报业 / 219
第三单元　国统区报刊 / 220
第四单元　记录中共早期动态的外国文献 / 222

第四节　新中国新时代 / 224

后　记 / 228

序

　　文化是一个国家、一个民族的灵魂，文化自信是最根本的民族自信，是社会进步不可或缺的精神动力。博物馆是集中展示中华优秀传统文化、红色革命文化和社会主义先进文化的圣殿，是饱含丰富的中华优秀文化基因的精神宝库，是国家历史与艺术并现的文化客厅。习近平总书记强调："要把凝结着中华民族传统文化的文物保护好、管理好，同时加强研究和利用，让历史说话，让文物说话。"基于此，平谷文化委也一直将文博工作作为重中之重，长期致力于文物的保护传承和历史文化的深度挖掘。

　　2015年，由清华设计院设计、占地面积25753平方米的平谷区博物馆建成。博物馆中心南广场三羊铜罍、平谷春秋长卷形成一个新的文化符号，也成为一个视觉地标，如一颗璀璨的明珠闪耀在北京东北部。博物馆全方位展示了平谷的历史文化、民俗文化，成为我区对外宣传的新的重要窗口。

　　为把博物馆"搬"到书本上，立体的展示馆藏文物，让更多读者近距离感受平谷历史文化的魅力，我们编写了《平谷博物馆》一书。全书共分三章，采用图文并茂的形式，将丰富的馆藏和精彩的展陈栩栩如生的呈现在读者面前。该书展示的文物皆为精心甄选的馆藏精品，具有典型性和唯一性，对于全面了解平谷历史文化、风土人情以及文博工作情况具有重要参考价值。

正如习近平总书记所强调的，一个博物院就是一所大学校。我们将利用好博物馆这所大学校，让文物这张"金色名片"讲好平谷故事，把平谷区博物馆建设成为展示平谷文化的窗口、推动文化发展的引擎，为打造旅游休闲之都、文化休闲之都助力添彩！

《平谷博物馆》编委会
2018.08.01

前　言

一、平谷历史沿革[①]

平谷区位于北京市最东部，平谷新城距离北京市区 52 公里，地处燕山山脉南麓，华北平原北端。东、南、北三面环山，中间为平原谷地，故得名平谷。

早在几万年乃至 10 万年前的旧石器时代，这片古老的土地上就有人类繁衍生息。距今约八千年前，平谷先民就创造了光辉灿烂的上宅文化。夏、商、周三代，地属冀州或幽州。刘家河商代墓葬青铜礼器的出土，证明那时平谷地区的繁荣与发达。春秋战国时，平谷地区属燕国之地。战国后期，燕国置上谷、渔阳等 5 郡，平谷地区属渔阳郡地。秦统一六国，天下分为 36 郡，平谷地区依然属于渔阳郡地。而那时渔阳郡治所，在今密云西南与怀柔东南交界地带。

西汉时，汉高祖十二年（公元前 195 年）春，始建平谷县。《汉书·地理志》记载，渔阳郡有 12 属县："渔阳郡，户六万八千八百二，口二十六万四千一百一十六。县十二：渔阳、狐奴、路、雍奴、泉州、平谷、安乐、犀奚、犷平、要阳、白檀、滑盐。"平谷县为其中之一，而其他那些县或撤或并早已无存，连名字也只有去志书典籍里寻觅了，唯独平谷延续至今。所以，在北京市现辖区的名称中，平谷是最古老的，至今已 2200 余年。而汉承秦制，平谷地区依然属渔阳郡，县治所在今山东庄镇大、小北关村南。汉武帝后元二年（公元前 87 年），武帝刘彻死，遗诏封大司马霍光为博陆侯，今北城子村东汉城遗址即为霍光封城博陆城。西汉末期，古北口外渔阳郡所属滑盐县曾迁至博陆城，东汉明帝时改名盐田县，后并入平谷县。

[①] 本部分参考了柴福善主编的《知平谷爱平谷干部培训读本》中"平谷历史沿革概说"一文。

刘秀开创东汉王朝，仍设渔阳郡。平谷为渔阳郡所辖九县之一，县城已迁至今平谷城区处。故此，北魏郦道元《水经注》记载："（洵）水出右北平无终县西山白杨谷。西北流迳平谷县，屈西南流，独乐水入焉。水出抱犊固，南迳平谷县故城东……其水南流入于洵。洵水又左合盘山水……沿流而下，自西北转注于洵水。洵水又东南迳平谷县故城东南，与泃河会。水出北山，山在虒奚县故城东南。东南流迳博陆故城北，又屈迳其城东……泃水又东南流，迳平谷县故城西，而东南流注于洵河。"说明至北魏郦道元时，平谷有两座故城，一是大小北关村南的故城，二是现在县城地方的故城，因北魏初年平谷县并入潞县，故城尚存。

三国魏时，仍置平谷县。《畿辅通志》中"三国魏"下列了平谷县。

晋朝初年，省平谷县，后复置。《晋书·纪志》记载，燕国汉置，孝昭改为广阳郡。统县十，户二万九千。包括蓟、安次、昌平、军都、广阳、潞（今通州）、安乐（今顺义）、泉州、雍奴、孤奴。孝昭指汉武帝幼子孝昭皇帝刘弗陵。广阳郡所统十县中未有平谷，复置当在晋以后。而《畿辅通志》"晋"下写道："平谷县，初省，后复置。"新编《平谷县志》记载西晋初省平谷县后，地属燕国潞县。北魏初，平谷属渔阳郡，太平真君七年（公元446年）省平谷县，并入潞县。

东晋于公元420年亡，南相继有宋、齐、梁、陈，史称南朝（公元420—589年）。北有拓跋氏（后改元氏），于公元386年正月建国，初称代国，至同年四月始改国号为魏，史称北魏（公元386—534年），公元439年灭北凉，统一北方。后又有东魏（公元534—550年）、北齐（公元550—577年）、西魏（公元535—556年）、北周（公元557—581年）政权相继存在，史称北朝。《魏书·地形志》载："渔阳郡秦始皇置，真君七年并北平郡属焉。领县六，户六千九百八十四，口二万九千六百七十。……真君七年并安乐、平谷属焉。"此处记载很明确，说明北魏太平真君七年（公元446年）以前平谷县确实存在，而北魏建国于公元386年，与东晋公元420年灭亡时，两个政权并存了34年。如果北魏初年复置平谷县，那时东晋政权依然存在，也就可以理解《畿辅通志》上述的记载了。而《畿辅通志·府厅州县沿革表》"北魏"中"太平真君七年省平谷入潞县"记述，当出自《魏书》了。《读史方舆纪要》认为，潞县北平谷故城，为石赵所置。"石赵"即十六国的后赵（公元319—351年），建都邺城。那些小政权走马灯似的更迭，多很短暂。如此说来，北魏所省者是后赵的平谷县了。新编《平谷县志》"后赵，复置平谷县，县城移至今通县北小营村，隶渔阳郡"之说，当本于此。另外，北魏年间，要阳县由北内迁，城址在今镇罗营镇上镇村，东魏省去。

隋朝（公元581—618年）时，平谷地区隶属无终县。《隋书·地理志》记载："渔阳郡开皇六年（公元586年）徙玄州于此，并立总管府。大业初府废。统县一，户三千九百二十五。无终后齐置，后周又废，徐无县入焉。大业初置渔阳郡。有长城。有燕山、无终山。有洵河、泃河、庚水、灅水、滥水。有海。"无终县，应该是今天津蓟县，但境域要比今蓟县大，从有洵河、泃河可以看出，今天的平谷地区当在其中。民国二十三年（公元1934年）《平谷县志》也如此写道："《隋书·地理志》：无终县有洵河、泃河。按：一郡只统一县，洵、泃皆平谷水名，则是时平谷又省入无终矣。"《畿辅通志·府厅州县沿革表》"隋"中有"渔阳郡，开皇十六年徙置玄州，大业初改为郡。无终县，州郡治，大业末改名渔阳"。"开皇十六年"与《隋书》"开皇六年"记载有出入，且以正史《隋书》为准。

唐时，设幽州范阳郡，《新唐书》记载，幽州范阳郡下辖九县，其中有潞县，武德二年（公元619年）自无终徙渔阳郡于此（即渔阳郡治所由无终迁至潞县），置玄州，领潞、渔阳，并置临泃县（今三河）。贞观元年（公元627年）州废，省临泃、渔阳来属。从隋开皇六年（公元586年）徙玄州于渔阳郡，平谷属无终县，至唐初置玄州，前后不过33年。而隋灭亡于公元618年，亡前改无终为渔阳，李渊建立唐朝，登基后第二年就调整行政区划，渔阳尚存，隋末平谷地区尚在渔阳区域，唐初是否依然在此区域？《畿辅通志·府厅州县沿革表》"唐"中，在"平谷县"下记述："渔阳县地"，即是说，省平谷后，归入了渔阳县。《读史方舆纪要》谈道："今（平谷）县本唐渔阳之大王镇。"也算一例。

《新唐书》同时记载，设檀州密云郡，本安乐郡，天宝元年（公元742年）更名。县二（密云、安乐）。有大王、北来、保要、鹿固、赤城、邀虏、石子七镇。即是说，安乐郡改为密云郡，下辖两县七镇，并没有明确说就是平谷改为大王镇。《中国历史大辞典·历史地理》有大王镇词条：大王镇，唐代北边七镇之一，即今北京市平谷县。这里，明确说大王镇就是平谷。民国二十三年《平谷县志》记载：唐高祖武德初，废渔阳郡省入幽州。玄宗开元十八年（公元730年），置渔阳县，蓟州领之。天宝元年，改为渔阳郡。十四年，安禄山以郡叛。又记，明隆庆平谷旧志："唐废平谷为大王镇，入渔阳县。"应该说，自北魏太平真君七年（公元446年）省平谷入潞县后，再没有复置，说唐废平谷似乎不妥，而唐把平谷地区设为大王镇无疑。

《新唐书》大王镇在檀州密云郡下，而檀州密云郡所辖无渔阳县，渔阳县属蓟州渔阳郡。明嘉靖《蓟州志》写到平谷县时："平谷县，名始于汉，以周遭皆山而中则平地也。属渔阳郡，后唐废为大王镇，金复为平谷县，元初并入渔阳县，寻复置，隶蓟州。"只简略记述。平谷地区究竟是在渔阳还是密云，需进一步研究。

五代（公元907—960年）后晋天福元年（公元936年），石敬瑭割幽、燕十六州予契丹。十六州相当于以今北京市和山西大同市为中心；西界山西神池县；东至河北遵化市；北迄长城；南至天津市、河北河间市与保定市，以及山西繁峙县和宁武县一线以北地。故大王镇在其中，属契丹。《新五代史·纪传》记载："（天福元年）十一月丁酉，皇帝即位，国号晋。以幽、涿、蓟、檀、顺、瀛、莫、蔚、朔、云、应、新、妫、儒、武、寰州入于契丹。"新编《平谷县志·大事记》载："后唐，清泰二年（公元935年），石敬瑭割幽、蓟、顺等十六州予契丹，大王镇属契丹。"《新五代史·纪传》在"废帝"（李从珂）篇下写道："（清泰三年）三月……河东节度史石敬瑭反。十一月，契丹立晋。"后唐称"清泰三年"，后晋则称"天福元年"，都是公元936年。天福元年九月，石敬瑭见契丹耶律德光，"约为父子"。故此，割燕云十六州当是石敬瑭做"儿皇帝"时了。

辽（公元907—1125年）时平谷地区仍称大王镇。《辽史·地理志》记载，当时分上京道、东京道、中京道、南京道、西京道五道，南京道下辖蓟州，蓟州统渔阳、三河、玉田三县。大王镇当属渔阳县。1984年8月，在平谷旧城塔儿胡同施工时发现"大王镇罗汉院建八大灵塔记"碑，现为上宅文化陈列馆收藏。此碑于辽重熙十一年（公元1042年）七月立，明确写着"大王镇"，可作例证。

平谷这个地方，历来属于中原大一统政权与北方少数民族政权统治的接合部地带，不但《辽史》有载，同时《宋史·地理志》中也有相关记载：燕山府路所辖蓟州，"唐置，石晋以赂契丹。宣和四年（公元1122年），金人以州来归，赐郡名曰广川，团练。宣和七年（公元1125年），金人破之。县三：渔阳，赐名平卢。三河，玉田。"《畿辅通志·府厅州县沿革表》"宋"中，也在"蓟州"下写道：广川郡，宣和四年来归，赐名。平卢县，宣和四年改名。宣和四年已是北宋末年，距北宋公元1127年灭亡不过5年。同时，辽国也处于风雨飘摇之中，距辽1125年亡也只有3年光景。这时，金人已经兴起，太祖完颜旻已于公元1115年建立金国。平谷地区就在这些大小政权的交错统治之下。

金天会三年（公元1125年），金兵破檀州、蓟州至三河，大王镇隶属于金。大定二十七年（公元1187年），升大王镇为平峪县，平谷县建置恢复，隶蓟州渔阳郡。峪，同谷。《尔雅·释水》注："峪曰谷，或从山是也。"自北魏太平真君七年（公元446年）

省平谷县,到金大定二十七年(公元1187年)复置,历北齐、北周、隋、唐、五代、辽(北宋)及金,其间共741年。《金史·地理志》载:中都路,辽会同元年(公元938年)为南京,开泰元年(公元1012年)号燕京。海陵贞元元年(公元1153年)定都,以燕乃列国之名,不当为京师号,遂改为中都。府一,领节镇三,刺郡九,县四十九。蓟州,中,刺史。辽置上武军。户六万九千一十五。……平峪县,大定二十七年以渔阳县大王镇升。《畿辅通志·府厅州县沿革表》"金""平谷县"下,"平峪县,大定二十七年复置,属蓟州。"与《元史》记述一致。民国二十三年(公元1934年)《平谷县志》记载与元史基本相同:元初并平谷入渔阳县,至元元年,改燕京路为中都。九年,改中都为大都。二十一年,置大都路总管府,领县六,州十。蓟州领平谷等县。

元至元二年(公元1265年)省平谷县,随即于至元十二年(公元1276年)复置,属大都路蓟州。铁木真(成吉思汗)于公元1206年建国;公元1271年忽必烈定国号为元;公元1279年灭南宋。《元史·世祖纪三》记载:蓟州,唐置,后改渔阳郡,仍改蓟州。宋为广川郡。金为中都。元太祖十年,定其地,仍为蓟州。领县五:渔阳,下。倚郭。丰闰,下。至元二年,省入玉田;四年,以路当冲要复置。二十二年,立丰闰署,领屯田八百三十七户。玉田,下。遵化,下。平谷,下。至元二年,省入渔阳;十三年复置。元史记述很明确,《畿辅通志·府厅州县沿革表》"元"下也这般记述:平谷县,至元二年省入渔阳;十三年复置,仍属蓟州。

明初因元旧制,平谷县仍为蓟州属县。洪武十年(公元1377年)二月,省平谷县入三河县,隶属通州。洪武十三年(公元1380年)十一月,复置平谷县,属北平府蓟州。永乐元年(公元1403年),改北平府为顺天府,平谷县亦改属顺天府蓟州。同年,营州中屯卫由塞北大宁地区调入平谷县。新编《平谷县志》"建置沿革"中写道:"永乐元年(公元1403年)改属顺天府蓟州。同年,迁营州中屯卫于平谷县。""大事记"又记:"永乐二年(公元1404年),营州中屯卫自塞北大宁地区徙入平谷县内。"时间略有出入。《明史·地理志》记载:顺天府,元大都路,直隶中书省。洪武元年八月改为北平府。十月属山东行省。二年三月改属北平。三年四月建燕王府。永乐元年正月升为北京,改为顺天府。领州五,县二十二。蓟州,洪武初,以州置渔阳县省入。……平谷,州西北。洪武十年二月省入三河县,十三年一月复置。东南有洵河,又有泃河。西北有营州中屯卫,永乐元年自故龙山县移置于此。又东有黄松峪关,与密云县将军石关相接。《畿辅通志·府厅州县沿革表》"明"下只记述一句:平谷县仍属蓟州。

清初，平谷县仍为顺天府蓟州属县。康熙二十七年（公元1688年），设顺天府四路同知后，平谷县属北路厅管辖，而北路厅同知驻昌平州沙河镇。乾隆八年（公元1743年），平谷县改为直属顺天府。《清史稿·地理志》记载：顺天府……领州五，县十九。平谷，简。府东北百五十里。隶北路厅。东北洵河自蓟入，合独乐河，侧城四南，会石河，即泇河。县驿一。民国二十三年（公元1934年）《平谷县志》记载：清康熙十五年（公元1676年），分平谷等县属通水道。雍正四年（公元1726年），以通永道专司河务；平谷改属霸昌道。乾隆八年（公元1743年），以平谷县直隶顺天府。

民国三年（1914年），改顺天府为京兆特别区，领县二十，平谷县为其中之一。民国十七年（1928年），国民党政府迁都南京，裁京兆特别区，划归河北，平谷县改隶河北省冀东道。民国二十一年（1932年）9月，河北省设蓟密行政督察专员区，下辖平谷。

抗日战争时期，八路军第四纵队于1938年6月在镇罗营建密（云）平（谷）蓟（县）联合县，7月打下平谷县城，建立平谷县抗日民主政府。中国共产党领导军民开展抗日斗争，于1940年4月建立蓟（县）平（谷）密（云）联合县，隶属于晋察冀边区行政委员会冀东办事处，7月改属晋察冀边区行政委员会第十三专署（简称第十三专署）。随着抗日根据地的扩大，抗日武装力量的壮大，1940年11月，蓟平密联合县一分为二，南部建立蓟（县）宝（坻）三（河）联合县，北部建立平（谷）密（云）兴（隆）联合县。为巩固平密山区根据地，并向三河县发展，1942年11月平密兴联合县改为平（谷）三（河）密（云）联合县，均属第十三专员公署。1943年7月，根据冀热边特委"县划小，区划大"决定，平三密联合县划分为两个联合县，北部建立承（德）兴（隆）密（云）联合县，南部将蓟县盘山地区划入，建立平（谷）三（河）蓟（县）联合县，通称老平三蓟联合县，隶属于冀热边行署第一专署。由于抗日根据地的恢复与扩大，1944年7月，平三蓟联合县一分为三，西部建立三（河）通（县）顺（义）联合县，西南部建立三（河）通（县）香（河）联合县，东部仍为平三蓟联合县，通称新平三蓟联合县。1944年隶属关系未变。1945年1月，冀热辽行署建立，平三蓟联合县隶属冀热辽行署第十四专署。这些联合县，抗战中变动频繁，县政府机关常活动于山区，时无定所。

抗日战争胜利后，仍沿用联合县建置。1945年11月，平三蓟联合县隶属于冀东行署第十四专署。1946年3月，撤销联合县建置，恢复单一的平谷县，隶属关系未变。1949年8月，河北省人民政府成立，原第十四、第十五专区的部分地区合并为通县专区，平谷县隶属于河北省通县地区行政督察专员公署。

中华人民共和国成立后，平谷县仍隶属河北省通县专署。1958年3月，通县专署撤销，平谷县改属河北省唐山专署。同年10月20日，平谷县划归北京市。2002年4月，平谷县撤县建区，揭开新的历史篇章。

二、平谷博物馆概览

平谷博物馆坐落于平谷迎宾环岛西部，顺平路与洳河大桥相交的西北侧，占地面积25753平方米，建筑面积20780平方米。是集收藏、保管、展示、举办学术报告、科普宣传、文化交流于一体的综合性场馆，全面展示平谷悠久的历史文化，光荣的革命传统，独具特色的民俗文化、自然地理以及各类艺术作品。设有"平谷历史文化陈列""平谷民俗文化陈列""世纪阅报馆"3个基本陈列及2个临时展厅。

"平谷历史文化陈列"位于平谷博物馆四层北侧，展览面积为800平方米。展览以平谷地区地上、地下文物遗存，史书记载和目前历史研究成果为依据，全面展现平谷地区从平原聚落逐步发展成为京畿重镇的历史进程，全面展现平谷历史文化产生、发展、繁荣的历史进程。

"平谷民俗文化陈列"位于平谷博物馆四层南侧，展览面积为800平方米。展览以清末民初平谷百姓生产生活为背景，全面展示平谷独特的民风民俗、语言文化、民间艺术等。分为生产民俗、生活民俗、民间艺术、桃俗文化四个部分。

"世纪阅报馆"位于平谷博物馆三层南侧，展览面积为800平方米。全面展示清康熙三年（公元1664年）以来至中华人民共和国建设时期三百年间的主流报刊及珍闻拾萃，内容包括政治、军事、经济、交通、宗教、艺术等多个领域。再现中国近现代社会发展史，展示中国新闻报业发展历程。

第一章

洵河文明　辉煌平谷
——平谷历史文化陈列

平谷历史悠久，早在旧石器时代就有人类繁衍生息。8000年前，平谷先民已进入原始农耕文明，创造出了灿烂的"上宅文化"。刘家河商代墓葬的发现，证明3000多年前平谷地区已进入较高的青铜文明时代。汉高祖十二年（公元前195年）置平谷县。辽金元时期，平谷是北方草原文化与中原文化交流融合的地区之一。明清时期发展成为拱卫京师的经济、军事重镇。

近现代历史中，勤劳勇敢的平谷人民，在中国共产党领导下，反封建反压迫，投身于抗日战争和解放战争，为中华民族的解放，为新中国的诞生，做出了重要贡献。

Pinggu has a long history, and people lived and bred there as early as the Paleolithic Age. Eight thousand years ago, the ancestors in Pinggu entered the primitive farming civilization, and created the brilliant "Shangzhai Culture". The discovery of Liujiahe tombs in Shang Dynasty proved that Pinggu region had entered the relatively higher bronze civilization Three thousand years ago. In the twelfth year since the reign of Emperor Han (195 BC) founded Pinggu County. In the Period of Liao, Jin and Yuan Dynasties, Pinggu was one of the areas integrated for the northern grassland culture and the central plain culture exchange. In the Ming and Qing Dynasties, it became the economic and military strategic town surrounding and protecting the capital.

In the modern and contemporary history, the industrious and brave Pinggu people stroke against feudalism and oppression and put themselves into the Anti-Japanese War and the Liberation War under the leadership of the Communist Party of China, making important contributions for the liberation of the Chinese nation and the founding of new China.

第一单元　史前时期

——史前文明（约 10 万年前—公元前 2070 年）

Unit one: Prehistory Period

——Prehistory Culture（about 0.1 million years ago — 2070 BC）

平谷历史可追溯到旧石器时代，距今约 10 万年。进入新石器时代，平谷先民又创造了以上宅文化为代表的新石器时代文明。上宅文化包括上宅和北埝头两处遗址，出土石器、陶器近 1 万件。而在北埝头遗址发现了 13 处半地穴式居住基址及石磨盘等，表明平谷先民已进入原始农耕时代，是中华民族光辉灿烂文明的发祥地之一。

The history of Pinggu can be dated back to the Paleolithic Age, which is about 100,000 years to the present time. In the Neolithic Age, Pinggu ancestors also created the Neolithic Civilization represented by Shangzhai Culture. It includes two historic sites of Shangzhai and Beiniantou where nearly 10,000 pieces of stone artifact and pottery were unearthed. 13 semi-subterranean living base addresses and millstone plates, etc. discovered in the Beiniantou Site indicate that Pinggu ancestors had entered the era of primitive farming era, making it one of the cradles of the brilliant Chinese civilization.

石器

约10万年前—公元前2070年

STONE AGE

平谷石器时代遗址分布图

20世纪90年代初，北京市文物研究所和中国科学院古脊椎动物与古人类研究所对平谷地区进行石器时代考古调查，发现马家坟、海子、洙水等12处旧石器时代文化遗址，根据遗址地质地貌和文化遗物特征，地质时代为晚更新世，考古学年代为旧石器时代中、晚期。

1984年底，在全市文物普查中，相继发现了北埝头、上宅两处新石器时代遗址，出土陶器、石器等遗物近1万件。经^{14}C科学测定，上宅文化年代距今8000-6000年，属新石器时期较早阶段。

凹直刃刮削器
1991年安固旧石器文化遗址出土（长3.5厘米 宽2.2厘米 厚0.9厘米）

半锥状细石核
1991年小岭旧石器文化遗址出土（长2.5厘米 宽1.5厘米 厚1.1厘米）

多刃刮削器
1990年罗汉石旧石器文化遗址出土（长2厘米 宽2厘米 厚0.8厘米）

单凸刃刮削器
1991年海子旧石器文化遗址出土（长3厘米 宽2.3厘米 厚0.6厘米）

单凹刃刮削器
1991年甘营旧石器文化遗址出土（长2.7厘米 宽1.1厘米 厚0.5厘米）

单直刃刮削器
1991年夏各庄旧石器文化遗址出土（长4.1厘米 宽3.4厘米 厚1.6厘米）

双刃刮削器
1990年马家屯旧石器文化遗址出土（长2.5厘米 宽1.4厘米 厚0.4厘米）

不规则单台面石核
1991年刘家沟旧石器文化遗址出土（长2.1厘米 宽5.1厘米 厚3.9厘米）

上宅遗址

位于上宅村北的一块山前台地上。1984 年发现，面积约 3500 平方米，其中新石器时代文化层堆积较好的约 700 平方米，均分布在台地的一道天然沟内。1985 年发掘，文化层堆积厚达 4 米，共分 8 层，出土陶器、石器近 1 万件。经 C-14 测定，距今 6000~8000 年，属新石器时期较早阶段。

上宅遗址

北埝头遗址

1984年3月，在大兴庄乡北埝头村西500米处发现新石器时代文化遗址。遗址南北长125米，东西宽50米，面积约6000多平方米。出土各类陶器93件，各种石器73件，清理出居住遗址13座，这些居住遗址直接挖在生土之上，属于半地穴式建筑。经对北埝头遗址出土器物分析和C-14测定，北埝头遗址的文化遗存，属于新石器时代中期的早期阶段。

北埝头遗址发掘照片

复合刃器
上宅遗址出土（刃长 5 厘米 宽 1 厘米 刀身长 7.4 厘米 宽 1.2 厘米）

石磨盘、石磨棒
上宅遗址出土（石磨棒：长 36.6 厘米，截面直径 5.9 厘米；石磨盘：长 24.6 厘米 宽 20 厘米 厚 4 厘米）

石斧
1985年上宅遗址出土（长16厘米 宽8厘米 厚2.3厘米）

单面起脊斧状器
1985年上宅遗址出土（长19.3厘米 宽9.1厘米 厚5.5厘米）

石铲
1984 年上宅遗址出土
（长 10.5 厘米 宽 7 厘米 厚 2 厘米）

盘状器
1985 年上宅遗址出土
（直径 11.8 厘米 厚 3 厘米）

盘状器
1985 年上宅遗址出土
（直径 9.5 厘米 厚 4.1 厘米）

石球
1987年上宅遗址出土（长5.5厘米 厚4.2厘米）

深腹罐
北埝头遗址出土（口径26.7厘米 底径12.5厘米 高22.9厘米）

圈足钵
1987年上宅遗址出土（口径19.3厘米 底径8.1厘米 高14厘米）

红顶碗
上宅遗址出土（口径22厘米 底径5.2厘米 高6.4厘米）

敛口钵
上宅遗址出土（口径12.6厘米 底径4.6厘米 高8.7厘米）

碗
上宅遗址出土（口径13.1厘米 底径8.5厘米 高6.4厘米）

鸟首形镂孔器
上宅遗址出土（残高 6.5-7.3 厘米）

鸟首形器
1985 年上宅遗址出土（残高 26.2 厘米 壁厚 0.8 厘米）

石鸮形饰件
上宅遗址出土（通长 2.8 厘米 通高 1.9 厘米 孔径 0.6 厘米）

石猴形饰件
上宅遗址出土（长 3.1 厘米 宽 1.4 厘米 厚 1.36 厘米 孔径 0.5 厘米）

陶海马
上宅遗址出土（长 4.9 厘米 宽 3.1 厘米 孔径 0.5 厘米 厚 17.5 厘米）

陶羊头
上宅遗址出土（残长 2.9 厘米 宽 17 厘米 厚 14.5 厘米）

陶塑熊头
上宅遗址出土（残长 5.9 厘米）

陶猪头
上宅遗址出土（残长 8.6 厘米 宽 4.3 厘米 厚 3.4 厘米）

第二单元　商周时期

——夏商周（公元前 2070 —前 221 年）

Unit two: Period of Shang and Zhou Dynasties
——Xia, Shang and Zhou Dynasties(BC 2070 — BC 221)

平谷历史文化的发展，与中华民族的形成与发展同步。平谷黄帝陵，为华夏人文始祖黄帝纪念地之一。至少在 3000 多年前的商代，平谷就出现了辉煌的青铜文化。刘家河商代墓葬出土了 40 余件青铜器、金器、玉器等珍贵文物，显示出夏商时期燕地的发展与繁荣，证明了平谷先民的聪明智慧以及先进的农耕文明。

The historical and cultural development Pinggu is in the same pace with the formation and development of the Chinese nation. Mausoleum of the Yellow Emperor in Pinggu is one of the memorial sites of ancestor Yellow Emperor by Chinese people. In the Shang Dynasty at least 3,000 years ago, brilliant bronze culture appeared in Pinggu. More than 40 pieces of bronze, gold, jade and other precious relics were unearthed in Liujiahe Shang tombs, showing the development and prosperity of Yan State in the Period of Xia and Shang Dynasties; thus proving the wisdom of ancestors in Pinggu and advanced agricultural civilization as well.

夏商周

公元前2070—前221年

XIA SHANG ZHOU

平谷夏商周遗址分布图

平谷地区在夏商周时期，地属冀州或幽州。春秋战国属燕国之地。战国后期，燕国置上谷、渔阳等五郡，平谷地区属渔阳郡地。

平谷轩辕庙

位于山东庄镇山东庄村西庙山上。据典籍记载：县治东北山东庄之西有山，岗阜隆然，形如大冢，俗称轩辕台，相传为黄帝陵，上有轩辕庙，也不知建自何代。轩辕庙明时已圮，清又复建，后又毁，近年复建。在对庙址的发掘中，清理出汉代板瓦、辽金兽面瓦当、明清建筑基础等。殿内供奉伏羲、神农、黄帝像。《礼记》载："武王克殷反商，未及下车，而封黄帝之后于蓟。"《史记》又载：黄帝建都于涿鹿。故此，平谷留下黄帝或黄帝后代活动遗址实属正常。平谷轩辕庙及轩辕台，与陕西黄陵等一样，为人文始祖黄帝纪念地之一。

刘家河遗址

位于南独乐河镇刘家河村东南山前台地上。1977年8月发现，占地面积37500平方米。出土青铜器、金器、玉器等40余件，其中青铜礼器16件。是北京地区迄今出土年代最早的一批商代中期文物，对研究北京地区以及我国北方的历史文化具有重要的意义和价值。

三羊铜罍（léi）（商中期）
1977年刘家河商代墓葬出土（通高27厘米 口径20厘米 肩宽29.5厘米）

铁刃铜钺（yuè）（商中期）中国国家博物馆馆藏
1977年刘家河商代墓葬出土（通长8.7厘米 刃长4厘米 阑长5厘米）

鸟柱龟鱼纹铜盘（商中期）
1977年刘家河商代墓葬出土（通高21.2厘米 口径38.6厘米）

兽面纹小圆鼎（食器）（商中期）
1977年刘家河商代墓葬出土（通高18厘米 口径14厘米）

雷纹铜方鼎（食器）（商中期）
1977年刘家河商代墓葬出土（高14厘米 口径11.6×88厘米）

饕餮(tāo tiè)纹卣(yǒu)(盛酒器)(商中期)
1977年刘家河商代墓葬出土(通高27厘米 口径7.5厘米)

英城遗址

位于马坊镇英城村北，遗址面积约 3 万平方米。据《水经注》载："沟河又南经絫城东南。"清《三河县志》称："絫城，县西北三十里，今做英城，相传为耶律公城。"1997 年发现西周、战国时期的陶片和汉瓦，还发现有辽金时期的残砖和瓷片。据考其建城年代为战国至汉代，是平谷最早的古城遗址。

英城遗址现状（2008 年 5 月拍摄）

陶鬲（lì）（商）
1982年安固龙坡遗址出土（高16.5厘米 口径12厘米）

折肩罐（商）
1982年安固龙坡遗址出土（高23.5厘米 口径14.5厘米）

龙坡遗址

位于夏各庄乡安固村东三级台地上，1982年3月文物普查中发现。面积约4200平方米，文化层厚达10米，包含物极为丰富。1997年社科院考古所、市文研所共同试掘48平方米，出土有石斧、铜镞、骨器和大量陶片。其中有泥质夹砂灰质鬲、罐、盆等残片，纹饰多为绳纹或素面，属夏家店下层文化，商代晚期、西周早期。

带鎏（liú）折肩罐（西周）
1997年4月张各庄中学征集（高12.2厘米 口径13.7厘米）

金臂钏（chuàn）
1977年刘家河商代墓葬出土（周长分别为39厘米、38.1厘米；外径分别为12.7厘米、12.6厘米；重量分别为93.5克、80.4克，共重173.9克。）

陶罐（战国）
1985 年北埝头村出土（高 25.5 厘米 口径 9.5 厘米）

瓮棺（战国）
1984 年马屯村采集（高 32.5 厘米 口径 23 厘米）

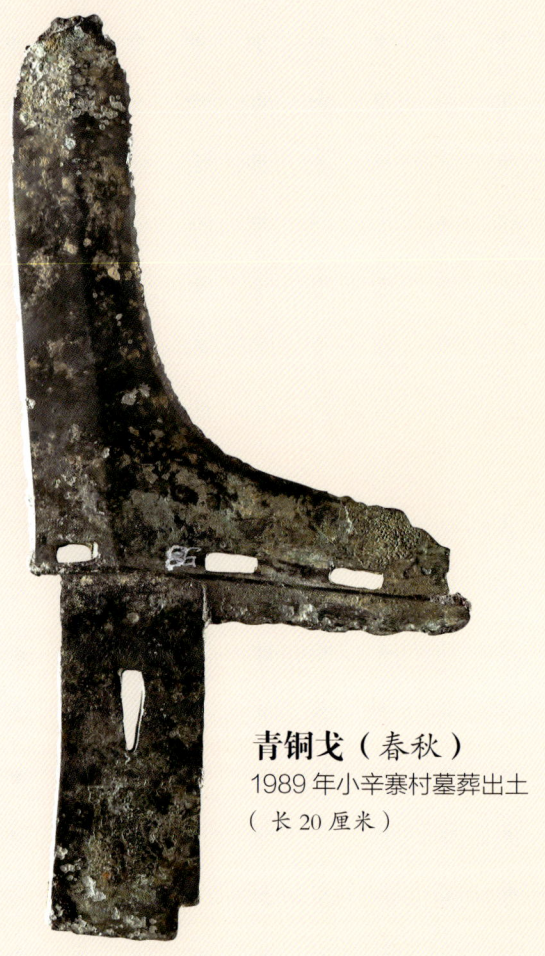

青铜戈（春秋）
1989年小辛寨村墓葬出土
（长20厘米）

青铜剑（战国）
1989年小辛寨村墓葬出土
（通长22厘米）

铜锛（西周）
1982年乐政务乡征集
（长11厘米 宽9厘米）

箭头（战国）
1995年胡家店商周遗址出土
（长3.5厘米）

矛（战国）
1997年大辛寨村出土
（长16.3厘米 宽2.5厘米）

矛（战国）
1982年大辛寨村出土
（长20厘米 宽3.1厘米）

铜鼎（春秋）
1984年关上村征集（高14厘米 口径17.5厘米）

铜墩（食器）（春秋战国）
1989年小辛寨村墓葬出土（高17.5厘米 腹径13.8厘米）

第三单元　汉元时期

——秦汉—元（公元前 221—1368 年）

Unit three: Han and Yuan Dynasties

——Qin and Han—Yuan Dynasties(BC 221—1368)

一、汉县唐镇

秦汉—五代（公元前 221—938 年）

秦统一六国，平谷隶属渔阳郡。汉高祖十二年（公元前 195 年）始置平谷县，后随朝代更迭，县治多有撤并（其中，唐时改为大王镇，为北方八大镇之一），而"平谷"名称一直延续至今。平谷现存大量汉代居住遗址和墓葬，如北城子村汉城遗址，为汉武帝晚期博陆侯霍光封城。北张岱汉墓、放光汉墓等，为北京地区现存的大型汉墓。唐代平谷地区的经济文化也较为繁荣，峨嵋山兴善寺，建于唐咸通三年（862）。峪口村延福寺、石佛寺村石佛寺，都建于唐初。石佛寺的 5 尊石佛，为北京地区重要的唐代石刻造像。

Han and Tang Dynasties

Qin and Han Dynasties – the Five Dynasties (BC 221 – 938)

Qin State unified six states, and Pinggu belonged to Yuyang County. In the twelfth year since the reign of Emperor Han (195 BC), Pinggu County was established, followed by the changing dynasties, the county jurisdiction was removed and merged for multiple times (during which, it was changed to Dawang Town in Tang Dynasty, which was one of the eight towns in the north), and the name of "Pinggu" has been used continuously till today. Currently, a large number of residence sites and tombs of the Han Dynasty are existed in Pinggu, such as the ruins of Hancheng of Beichengzi Village, which was completed by Huoguang in the late Emperor Wu in Han Dynasty. Beizhangdai Han Tomb and Fangguang Han Tomb, etc., are the large tombs existed in the Beijing Area. The economy and culture in Pinggu areas in Tang Dynasty were also very prosperous. The Xingshan Temple in Mount Emei was built in the third year since the rein of Xiantong Emperor (862). Yanfu Temple in Yukou village and Shifo Temple in Shifosi Village were both built in the beginning of Tang Dynasty. Five stone Buddhas in Shifo Temple are the important stone statues of the Tang Dynasty in Beijing Area.

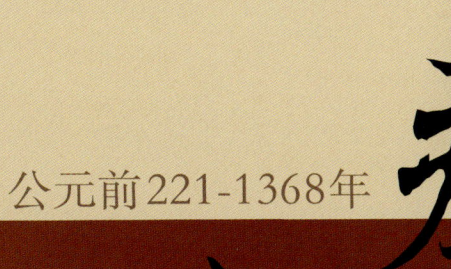

秦汉元

公元前221-1368年

平谷汉代遗址分布图

图例
● 汉代遗址

汉高祖十二年（刘邦，前195年）春，始建平谷县，隶属渔阳郡。《汉书·地理志》记载渔阳郡有十二属县："渔阳郡，户六万八千八百二，口二十六万四千一百一十六。县十二：渔阳、狐奴、路、雍奴、泉州、平谷、安乐、厗奚、犷平、要阳、白檀、滑盐。"平谷县是其中之一，当时的县城应在今山东庄镇大、小北关村南。东汉仍设渔阳郡。平谷为渔阳郡所辖的九县之一，县城已迁于今平谷城处。魏晋北朝时期的平谷地区历经曹魏、西晋、十六国时期的后赵、前燕、前秦、后燕和北朝的北魏、东魏、北齐、北周等朝代。虽经纷纭繁复杂的变化，平谷的名称建置没有改动。隋时，平谷地区属无终县。唐时，设幽州范阳郡，下辖九县，其中有潞县。唐武德元年（618年），设平谷为大王镇，属檀州密云县。五代石敬瑭割幽、燕16州于契丹，大王镇在其中。辽时平谷地区仍称大王镇。南京道下辖蓟州，蓟州统渔阳、三河、玉田三县。大王镇属渔阳县。元世祖至元二年（1265年）省平谷县；十三年（1276）复置，属大都路蓟州。

北张岱汉墓

北张岱汉墓位于门楼庄乡北张岱村东偏南。1983年发现。为汉代大型砖室墓，俗传为石王墓。主墓室南北长6米，东西宽2.5米，高约4米。东、西、北三面有回廊同主室相通，墓道墓室为砖结构。该墓早年被盗，墓室内仅残留五铢钱数枚和7件陶罐，仅存一石扇门。该墓门由四部分组成，两件门框，一件门楣，一扇门。门分为上、下两部分，上刻朱雀，下为兽面衔环，亦称"铺首"。石墓门应为两扇对开，另一扇已佚失。墓门正反两面都有雕刻，里面雕刻的是菱形纹图案，外面雕刻着朱雀和兽面衔环。此墓门为北京地区目前发现的较重要精美的汉画像石墓门，具有重要的艺术价值和历史价值。

北张岱石墓门

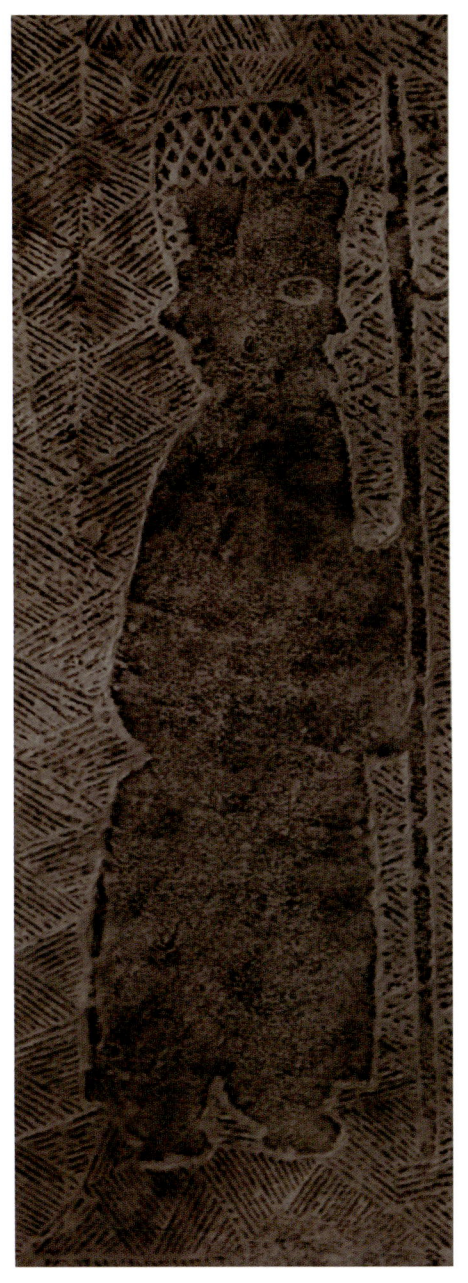

北张岱石墓门纹饰

放光汉墓

放光汉墓位于放光村南 200 米处，1984 年第二次文物普查中发现，占地面积 100 平方米。该墓为汉代大型封土堆砖室墓。封土堆高 3 米。墓室为砖结构，周围有单室墓相陪。墓的西部曾暴露一石室墓，清理出土了陶罐、陶壶、铁剑（残）、铁錾、五铢钱等一批随葬品。

放光村发现的东汉石室墓

陶壶
1984年4月12日放光村汉墓出土（高46.3厘米 口径13.5厘米）

陶鼎（汉）
1984年4月12日放光村汉墓出土（高12.5厘米 口径14厘米）

汉博陆城遗址

汉博陆城遗址位于北城子村东。城址残存部分高 2~3 米，南北长 180 米，东西宽 250 米，文化层厚 2 米，城墙基为夯筑，城址地层断面可见石铺道路、水道。发现有残瓦和陶片，现当地仍有"城坡、马道"等旧称。为《汉书》所载的西汉大司马霍光封为博陆侯时的封国博陆城。

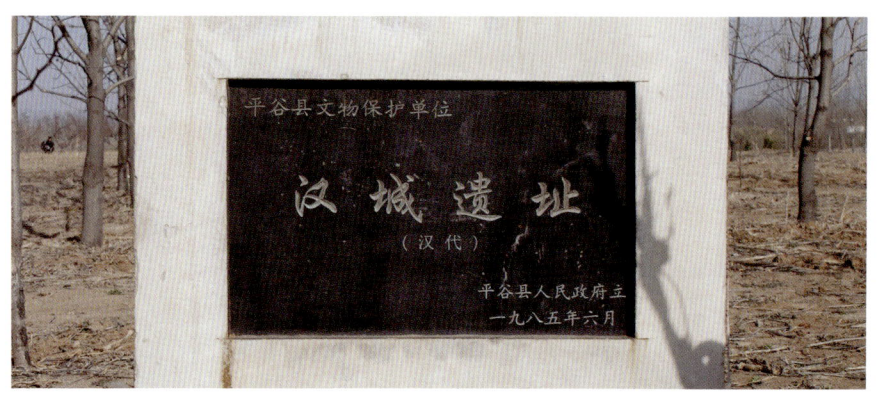

汉城遗址保护标志碑

汉城遗址散落陶片

杜辛庄遗址

杜辛庄遗址位于兴谷街道办事处杜辛庄村东北。2006 年底至 2007 年初进行了考古发掘，共发掘汉代墓葬 17 座、汉代陶窑 12 座、明清墓葬 12 座。其中 9 座西汉时期墓葬的构筑形式均为竖穴土坑墓，8 座东汉时期的墓葬构筑形式近似，均是先就生土挖出竖穴墓坑，然后在墓坑内用砖砌筑墓室。出土器物以陶器为主，也有少量铜器。

杜辛庄遗址西区墓地布局

红陶壶(汉)
1988年1月25日杜辛庄村出土(高34.5厘米 口径12.5厘米)

红陶钵(汉)
1986年7月30日杜辛庄村出土(高8厘米 口径16厘米)

平谷汉代砖窑

平谷汉代砖窑均为半倒焰式窑，平面呈马蹄形，坐西向东，上部微残，一般由窑室（烟道、窑床、火膛）、窑门和操作间各部分组成。窑室平面均呈马蹄形，根据窑床上残存烧砖的情况判断，发掘的窑均为烧砖所用，根据窑室内出土的绳纹砖形制，判定这批砖窑的年代均在汉代。

杜辛庄遗址东汉时期砖窑分布

石青蛙（汉）
1988年北埝头村出土（长4厘米 宽3厘米 高2厘米）

日光铜镜（汉）
1985年北埝头村出土（直径18.5厘米）

铜镜（汉）
1982年园田队汉代墓葬出土（直径8.8厘米）

汉五铢（汉）
安固村窖藏出土

顶针（汉）
1982年大旺务村墓葬出土（宽1.1厘米 直径1厘米）

弩机（汉）
1982年赵家务村墓葬出土
（长15厘米 宽4.5厘米）

锄（汉）
1982年东高村汉代遗址出土
（高2.8厘米 直径9.5厘米）

汉砖（汉）
2006年兴谷开发区河道治理出土（长31厘米 宽15厘米 厚6厘米）

陶盒（汉）
1985年北张岱村墓葬出土（长27.5厘米 高12厘米）

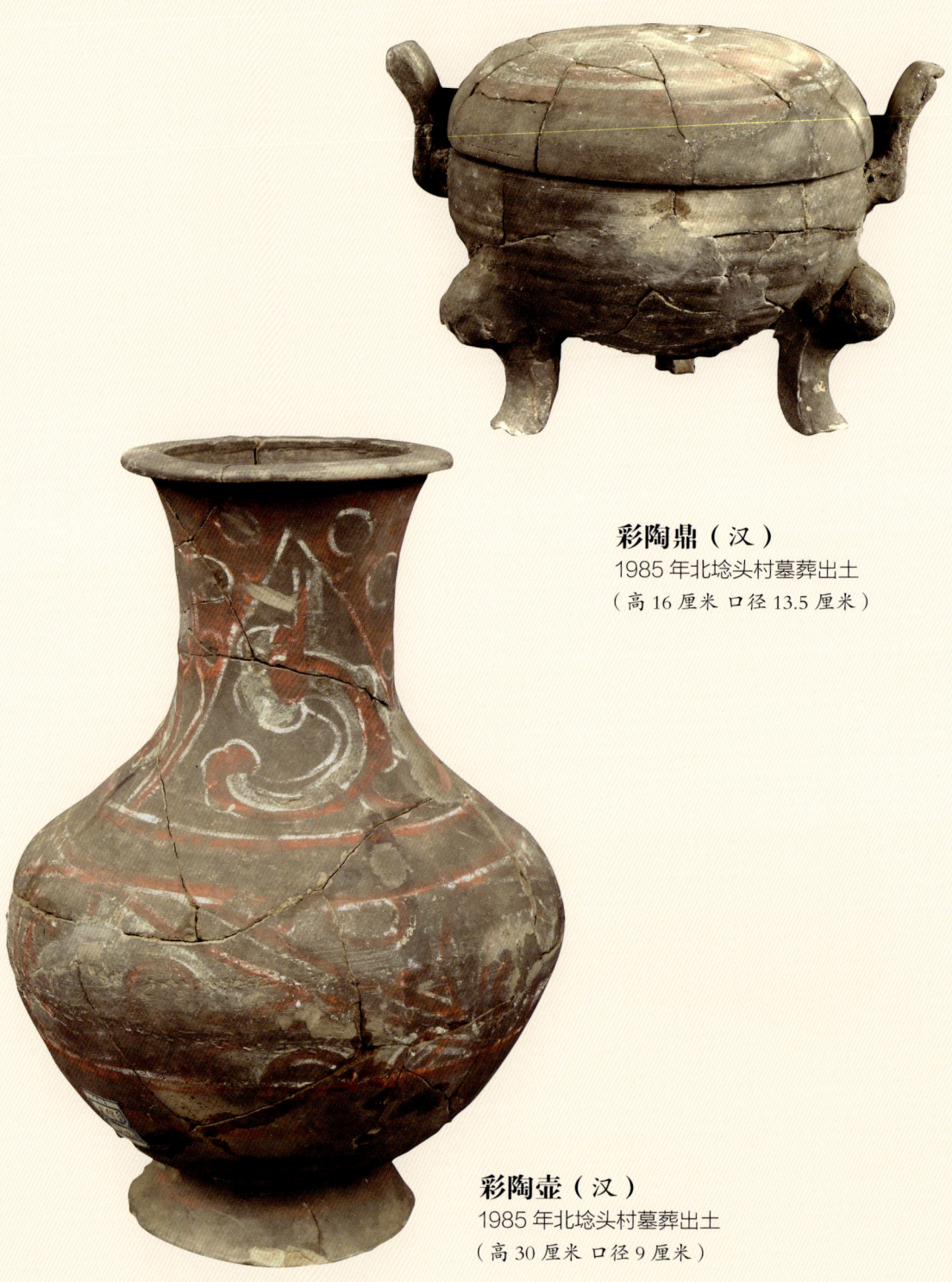

彩陶鼎（汉）
1985 年北埝头村墓葬出土
（高 16 厘米 口径 13.5 厘米）

彩陶壶（汉）
1985 年北埝头村墓葬出土
（高 30 厘米 口径 9 厘米）

陶灶(汉)
西杏园村出土
(高 11 厘米 长 13.4 厘米)

陶厕、陶圈(汉)
西杏园村墓葬出土
(圈长 23.8 厘米 宽 20 厘米 厕高 19.5 厘米 宽 13 厘米)

陶仓楼（汉）
1999年峪口砖厂墓葬出土（长35.5厘米 宽16厘米 高57厘米）

九支陶灯（汉）
1982年大旺务村墓葬出土（通高118厘米）

陶罐（汉）
1982 年安固村墓葬出土（高 35.5 厘米 口径 21 厘米）

石佛寺

石佛寺位于马坊镇石佛寺村东，坐北朝南，建于唐贞观年间。殿内原供奉 5 尊石佛像，故名"石佛寺"。

马坊镇石佛寺村石佛寺（摄于 1961 年）

马坊镇石佛寺村石佛寺大殿（摄于 1983 年 10 月）

石佛寺造像

二、交流融合

辽金元（公元 938—1368 年）

平谷地处草原文化与中原文化的交融地带，自古以来就是南北经济文化交流的重要通道。辽金元时期，平谷更显示出其军事、经济、文化的重要地位。建于辽重熙十一年（1043）的大王镇八大灵塔、金章宗游猎过的碣山双泉寺、金代横海军节度使巨构家族墓、河北村元代砖室墓、太后村大兴隆禅寺八思巴文碑等，为这一时期的重要文化遗存。

Pinggu is located in the intersection area of Grassland Culture and the Central Plain Culture, and it is the important channel of the North-South economic and cultural exchanges since ancient times. During the period of Liao, Jin and Yuan Dynasties, Pinggu's important role in military, economy and culture was even highlighted. The eight major sacred pagodas built at Dawang Town in the eleventh year (1043) since the reign of Emperor Chongxi of Liao Dynasty, Shuangquan Temple at Jieshan Mountain visited by Emperor Jinzhangzong, the giant structure family tomb of Henghai Military Governor of Jin Dynasty, brick-chambered tomb in Hebei Village in Yuan Dynasty, Basiba Tablet in Daxinglong Temple in Taihou Village were the important cultural relics of this period.

临泉寺遗址

临泉寺遗址位于东高村镇东高村内，为辽时所建。明嘉靖二十七年（1548）重修。现存正殿一座，面阔三间，进深七檩，前后廊式。院内存古井一眼，古柏五株，碑为康熙四十三年（1704）立，记录重修临泉寺情况。

东高村镇东高村临泉寺前殿前面古柏
（摄于 2007 年 8 月）

东高村镇东高村临泉寺前殿前面清康熙时重修临泉寺碑
（摄于 2007 年 8 月）

东高村镇东高村临泉寺前殿（摄于 2007 年 8 月）

东高村镇东高村临泉寺前水井（摄于 2007 年 8 月）

临泉寺遗址

双泉寺遗址

双泉寺遗址位于金海湖镇靠山集村北的茅山，始建于金代。依山而建，为半岩洞半砖木结构。有正殿、南北配殿各三间，为坐西朝东的三合院，明代重修，寺下50米处有并列两口井，其水一苦一甜，双泉寺由此得名。建筑已毁，存残碑1块。该寺为金章宗在北京建造的八大禅院之一。

双泉寺遗址

大兴隆禅寺遗址

大兴隆禅寺遗址位于王辛庄镇太后村，创建于元至元二十七年（1290），明弘治朝重修，现已毁。现存元代碑刻，立于原址西侧的山脚下，一为大德元年（1297）《大兴隆禅寺创建经藏碑》；一为大德三年（1299）《皇恩特赐圣旨译本》，碑阳为八思巴文。碑高2.4米，宽0.82米，厚0.22米。还有莲花座、经幢盖、龟趺等改制的大理石槽、柱础等石构件，散落在遗址四周。

皇恩特赐圣旨译本碑
（碑高2.4米，宽0.82米，厚0.22米）

河北村元代砖室墓

河北村元代砖室墓位于平谷区马坊镇河北村村西。共计 5 座，其中一座为无墓道圆形单室墓。随葬器物以瓷器为主，有四系瓶、钧釉碗、白地黑花碗、白磁碟、青釉盘、黑瓷罐等。铜器包括铜镜，唐、宋、金代铜钱等。

河北村元代墓葬 M4 全景

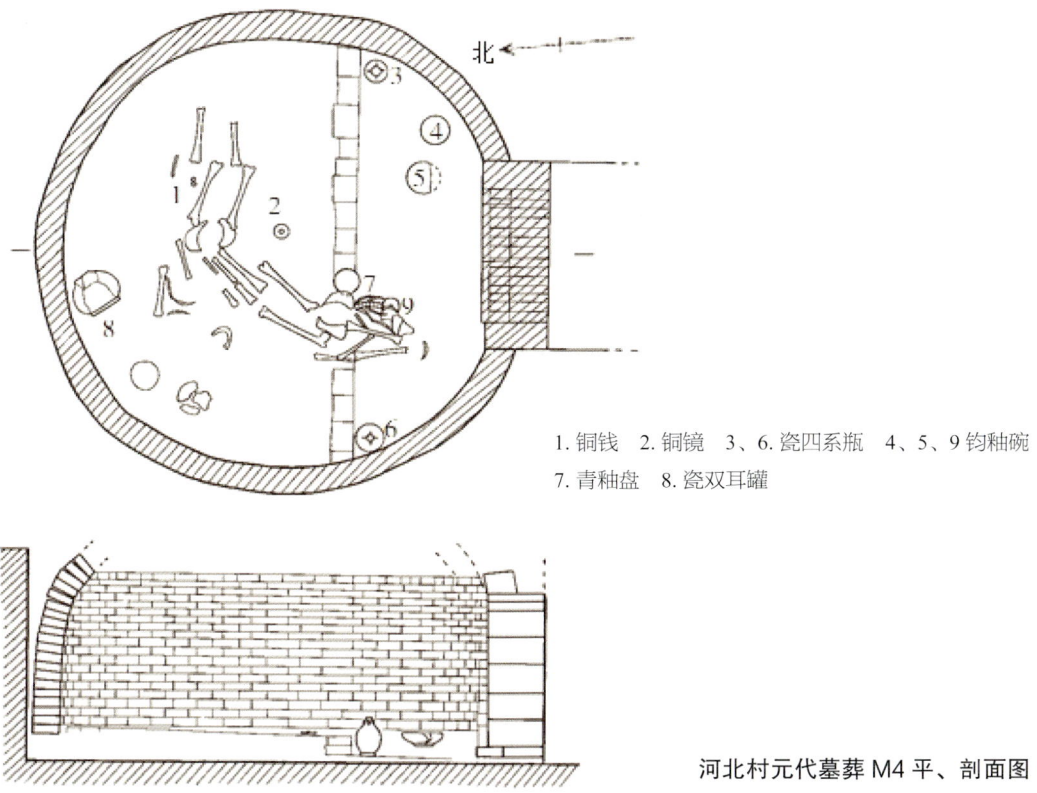

1. 铜钱　2. 铜镜　3、6. 瓷四系瓶　4、5、9 钧釉碗
7. 青釉盘　8. 瓷双耳罐

河北村元代墓葬 M4 平、剖面图

大王镇罗汉院舍利石函

　　大王镇罗汉院舍利石函 20 世纪 90 年代初发现于平谷老城塔儿胡同。函身三面线刻僧人像，身着袈裟，手持经卷、法器等。另一面线刻两尊菩萨像，脚踏莲花，中间祥云托起一座寺庙建筑。人物神态各异，祥云贯穿整个画面，栩栩如生。

辽代石函（辽）
塔儿胡同出土（长 62 厘米 宽 42 厘米 高 23 厘米）

辽代石函纹饰拓片

广目天王造像（元）
2002年安固村东大寺出土

莲叶笔洗（元）
1988 年赵家务村征集
（高 3.5 厘米 口径 5 厘米）

四系瓶（元）
1988 年南张岱村征集
（高 27 厘米 口径 3 厘米）

青花酒盅（元）
1997 年大兴庄村墓葬出土
（高 2.5 厘米 口径 5.1 厘米）

瓷碗（元）
1985 年南张岱村征集
（高 8 厘米 口径 16.7 厘米）

扬州元宝五十两银锭（元）
1984 年西樊各庄村征集（长 13.1 厘米 宽 9.5 厘米 厚 2.5 厘米）

三河县务铜印（元）
1991 年关上村征集（底长 5 厘米 高 6.1 厘米）

磁州窑白地褐花罐（元）
2007 年平谷二中墓葬出土（高 29.5 厘米 口径 15 厘米 底径 11.8 厘米）

鱼藻盆（元）
1988 年小峪子村出土（高 12 厘米 口径 39 厘米）

仙鹤纹镜（宋）
1988年1月平谷区城关征集（直径18.5厘米）

铁六錾斧（辽金）
1986年7月11日刘家河村出土（高28厘米 口径40.5厘米）

双鱼铜镜（金）
1991 年平谷师范金墓出土（直径 22 厘米）

黄釉单柄洗（金）
1986 年东高村巨家墓出土（高 3.5 厘米 口径 8.5 厘米）

玉环（金）
1986年东高村巨家墓出土（直径3.9厘米 厚0.4厘米）

玉佩（金）
1986年东高村巨家墓出土（长6.8厘米 宽4.5厘米）

水晶珠（金）
1986年东高村巨家墓出土（直径1厘米）

第四单元 明清时期

——明清（公元 1368—1911 年）

Unit four: Ming and Qing Dynasties

——Ming Qing (AD 1368 — 1911)

明清时期的平谷已发展成为交通发达、贸易频繁、生产发展的京畿重镇。随着明王朝对蒙古、女真的用兵，万里长城的修筑，来自江南各地的屯兵及移民，不断涌入平谷地区，为平谷文化的发展增添了新的内容。各民族文化交流融合，平谷文化日益发展繁荣。清代平谷成为京师东面重要的经济、交通和军事重镇。清末，近代文化逐渐产生。

In Ming and Qing Dynasties, Pinggu had developed into an important town in the capital city with well-developed transport, frequent trade as well as development and production. With the use of military force by Ming Dynasty to the Mongolian and Jurchen as well as the construction of the Great Wall, the station troops and immigrants from southern areas around the country swarmed into Pinggu Region continuously, adding new content to Pinggu's cultural development. The various ethnic cultures are exchanged and integrated, and the cultural cause in Pinggu became increasingly prosperous. Pinggu in the Qing Dynasty became the important economic, transportation, and military center in the east side of capital city in the Qing Dynasty. In the late Qing Dynasty, modern culture gradually came into being.

明清

公元1368—1911年

平谷明代长城分布图

平谷长城雄姿
Majestic Great Wall in Pinggu

平谷明代长城

平谷区境内长城,为明代所建,全长 48.52 公里,属蓟镇马兰路、墙子路管辖。据《四镇三关志》等文献记载:洪武、永乐年间建关隘;嘉靖三十年建造边城;嘉靖三十六年、三十八年、四十四年、隆庆元年进行修缮;隆庆三年至万历元年节次建造空心敌台。长城分布于区域东北部的燕山山脉,东起天津市蓟县、河北省兴隆县和北京市平谷区三省市交界处最高峰大松木顶,北至兴隆、密云和平谷交界处的北水峪挂弓岭,为东南至西北走向。共跨越金海湖镇、黄松峪乡、南独乐河镇、山东庄镇、熊儿寨乡和镇罗营镇共 6 个乡镇 19 个自然村。

明清以来平谷县境域变迁示意图

镇罗营烽燧

丫髻山

位于平谷区刘家店镇境内，海拔 361 米。因双峰高矗，状若古代少女丫髻而得名，素有"近畿福地"之称。相传唐朝初年，即有道士在山上结庐修炼。兴于元、盛于明清。清康熙、乾隆、嘉庆、道光等皇帝先后来此。丫髻山主要建有碧霞元君祠、玉皇阁、回香亭、东岳庙等庙宇，历经数百年，后主要毁于战火，近年复建。现存多方明清匾额、碑刻等。

1947 年西顶照片

碧霞元君祠

刘家店镇北吉山村丫髻山御碑亭

丫髻山回香亭及山景（摄于2007年10月）

碑林

烈虎桥

烈虎桥位于峪口镇东樊各庄村西北。始建于明代，为明清时期京东地区通往丫髻山进香的交通要道。桥为石结构，桥面长10米，宽4米，为两墩三孔梁式石桥，桥两侧各有望柱六根，栏板五块，桥头两端各有石虎一对，东侧桥墩设分水，整座桥保存完好。桥北原有石碑，记载建筑年代、工匠和监造官姓名等，现已毁。

烈虎桥

文峰塔

文峰塔位于东高村镇东高村东南 500 米的山上。该塔为三层六角实心砖塔，通高 8 米，在二层南、北两面中间，分别镶嵌一块石刻匾额，面积约为 0.5×0.4 平方米。南面石刻题字为：平谷县东高村重修塔记。清道光二十四年（1844）重修，为平谷区仅存的砖塔。

小辛寨吉祥庵修缮后（摄于 2012 年 10 月）

吉祥庵

　　吉祥庵位于王辛庄镇小辛寨村，始建年代不详，乾隆年间重修。该庵占地约 2 亩，整体建筑坐北朝南，原有山门、平门、正殿、东西耳房、东西配殿等建筑，以及古柏、碑刻等。现仅存正殿三间，糙砌，面阔 11 米，进深 6.6 米。硬山大脊、砖望板、筒瓦顶、排山沟滴、砖吻、垂兽、走兽，戗檐砖雕狮子绣球图案，双层檐椽，前出廊，施有旋子彩画。

青花碗（明）
1982年县邮局院内倪家坟出土（高6.5厘米 口径11.3厘米）

青花将军罐（明）
平谷区城关征集（高46厘米 口径12.3厘米）

龙泉窑三足炉（明）
1992年12月16日峨嵋山水峪寺墓出土（高8.4厘米 口径9.3厘米）

绿釉罐（明）
南张岱村墓葬出土（高18厘米 口径7.5厘米）

铜炮（明）
1982年2月27日年黄松峪乡征集（长44.5厘米 口径4厘米）

威远门匾额（明）
原为平谷旧城北门楼匾（高68厘米 宽170厘米 厚10厘米）

释迦牟尼铜佛（明）
1990年小峪子村征集（高53厘米 宽37厘米）

绿度母像（清）
2001年南独乐河镇丰台村征集（高10厘米）

青花碗（清）
1993 年西伯店村征集（高 5.2 厘米 口径 9.6 厘米）

青花碗（清）
1993 年西伯店村征集（高 6.8 厘米 口径 13.4 厘米）

青花百寿字罐（清）
平谷区城关征集（高 17.5 厘米 口径 7.9 厘米）

彩花鸟觚（清末）
平谷区城关征集（高 19.6 厘米 口径 19.9 厘米）

香炉（清）
1982年前台头村征集（高7厘米 口径6.5厘米）

青花罐（清）
1991年5月24日罗汉石村墓葬出土（高18厘米 口径6.4厘米）

祭蓝赏瓶（清）
平谷区城关征集（通长 23.5 厘米 通高 39.5 厘米）

玉扳指（清）
1981年11月王各庄村征集（高 2.5 厘米　外径 2.9 厘米　内径 2.2 厘米）

玉扳指（清）
1993年山东庄村征集（高 2.8 厘米　外径 3.1 厘米　内径 1.9 厘米）

翠扳指（清）
1984年平谷区城关征集（高3厘米 外径3.4厘米 内径2厘米）

玉佩（清）
1981年王各庄村征集（长5.5厘米 宽3.1厘米）

玉璧（清）
1984年4月平谷区城关征集（外径5.2厘米 内径1.3厘米）

玉环（清）
1984年4月平谷区城关征集（外径6厘米 内径2.8厘米）

铜手炉（清）
1991年罗汉石村墓葬出土（高3厘米 口径5.5厘米）

铜帽花（清）
1991年罗汉石村墓葬出土

第五单元　近现代时期

——民国初年—抗日战争（1911—1945 年）

Unit five: The Modern Historg of China
——Early Republic of China-Anti-Japanese War（1911—1945）

一、民国初年（1911—1937 年）

辛亥革命后，平谷属京兆特别区，后改隶河北冀东道。平谷文化近代化进程缓慢推进，出现了一些新式的手工业、商业和文化设施，近代学校教育也得到发展。

After the Revolution of 1911, Pinggu belongs to Jingzhao Special Zone, and later it was changed to the subordinate of Hebei Jidongdao. Pinggu's cultural modernization process progressed slowly, and some new handicraft, commerce and cultural facilities emerged and the modern school education had also been developed.

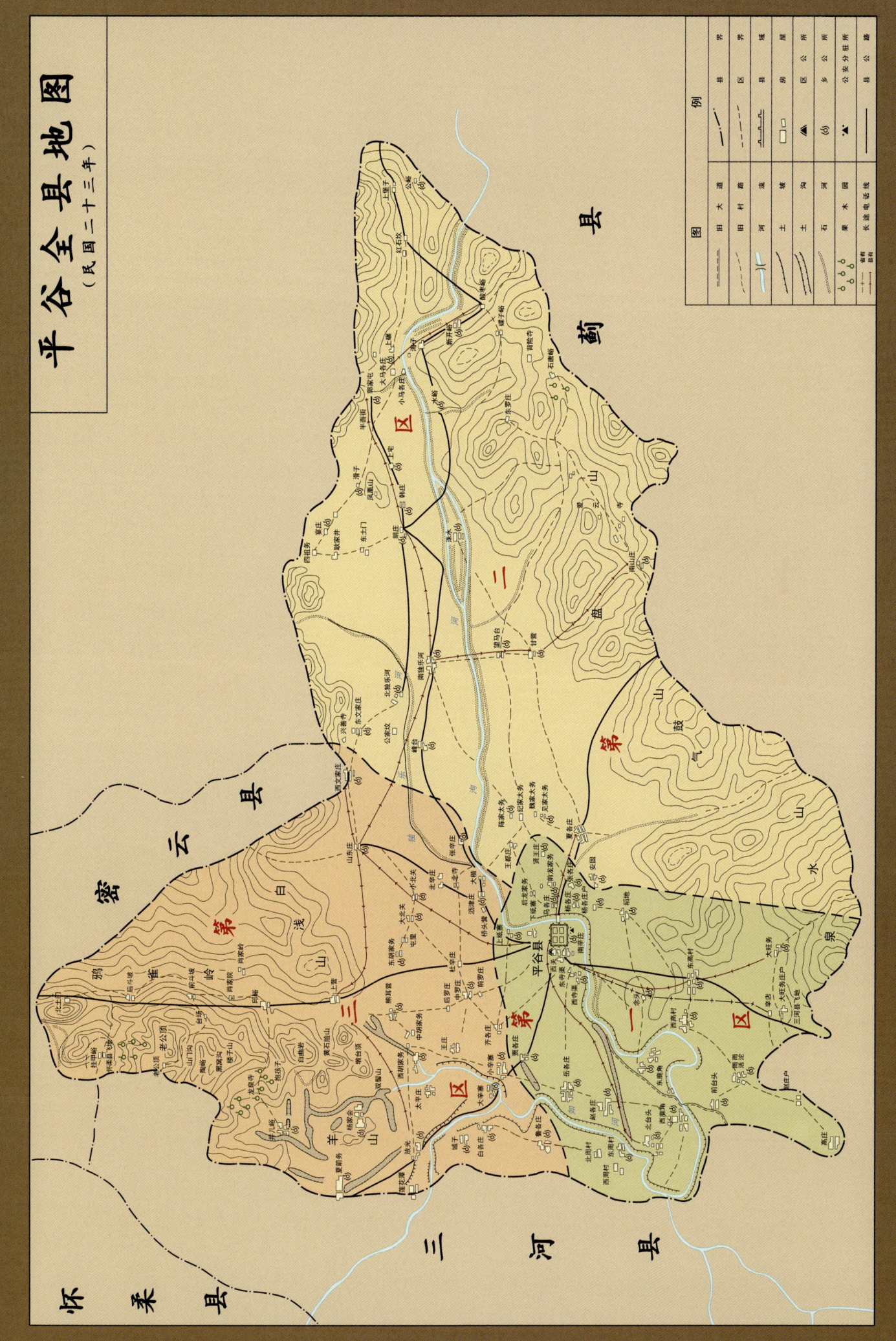

彩花鸟瓶（民国）
2002 年平谷区城关征集（高 43 厘米 口径 18.1 厘米）

富贵白头方瓶（民国）
平谷区城关征集（长 23 厘米 宽 19 厘米 高 56.5 厘米）

青花长颈大肚瓶（民国）
1992年12月平谷区城关征集（高30厘米 口径4.1厘米）

二、抗日战争（1931—1945年）

抗日战争时期，平谷人民在中国共产党的领导下，抗日救国。建立平谷县抗日民主政府，鱼子山、盘山等抗日根据地，使平谷成为冀东西部抗日根据地中心地区。在抗日战争时期，平谷先后有1287人惨遭杀害，有555名烈士牺牲在战场，在世界反法西斯历史上，写下了壮丽篇章。

During the Anti-Japanese War, under the leadership of the Communist Party of China, Pinggu people fought fiercely in the Anti-Japanese War to save the country. The Anti-Japanese Democratic Government and the Anti-Japanese Bases of Yuzi Mountain and Panshan Mountain in Pinggu County were established to make Pinggu become the central area of Anti-Japanese Bases in the east and west Hebei. There were 1287 people killed in Pinggu in the Anti-Japanese War, and there were 555 martyrs sacrificed in the battlefield, which became a glorious chapter in the world anti-fascist history.

1938年6月，八路军四纵在宋时轮、邓华率领下，来到冀东地区开辟抗日根据地

桃棚党支部旧址

鱼子山兵工厂旧址

手 枪

皮枪套

弹夹、子弹壳
(弹夹长 12.4 厘米 宽 1.5 厘米 弹壳长 3.9 厘米)

子弹箱
1988 年蒋里庄征集（长 30.5 厘米 宽 14.9 厘米 高 9.3 厘米）

军毯
（长 207 厘米 宽 170 厘米）

水杯
关上村征集
（高 8.6 厘米 口径 9 厘米）

菜碗
1988 年 8 月周村征集
（高 6.5 厘米 口径 11.5 厘米）

水壶
蒋里庄征集
（高 18 厘米 口径 1.7 厘米）

三、解放战争（1945—1949年）

在解放战争中，国民党军队仅是在1946年9月到1947年6月占领平谷县城及周边部分村庄。平谷人民在中国共产党的领导下，开展土地改革运动，全力支援全国解放，迎来共和国的诞生。

In the liberation war, the Kuomintang Army only occupied Pinggu County and some of the surrounding villages from September 1946 to June 1947. Under the leadership of the Communist Party of China, Pinggu people carried out the land reform movement, and went all out to support the national liberation to usher in the birth of the Republic of China.

土地平分现场

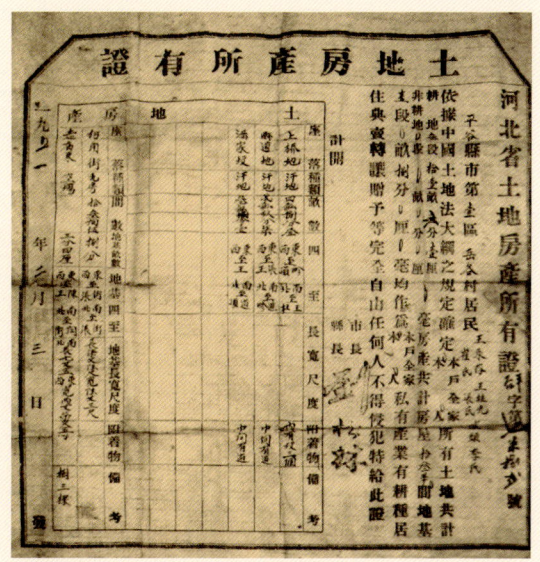

1951年2月颁发的岳各庄村王桂先家土地证

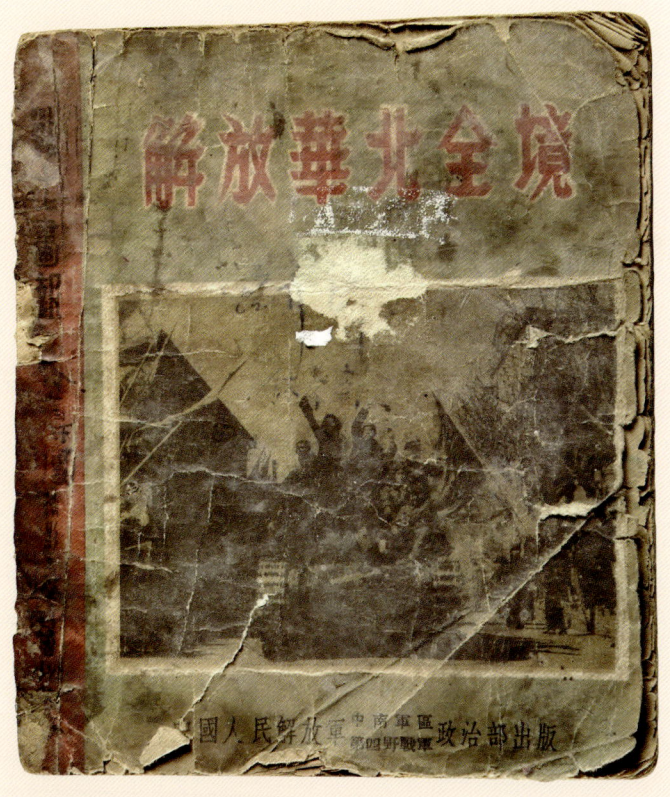

《解放华北全境》画册（1949年）

（长14.6厘米 宽12.5厘米）

奖章、纪念章

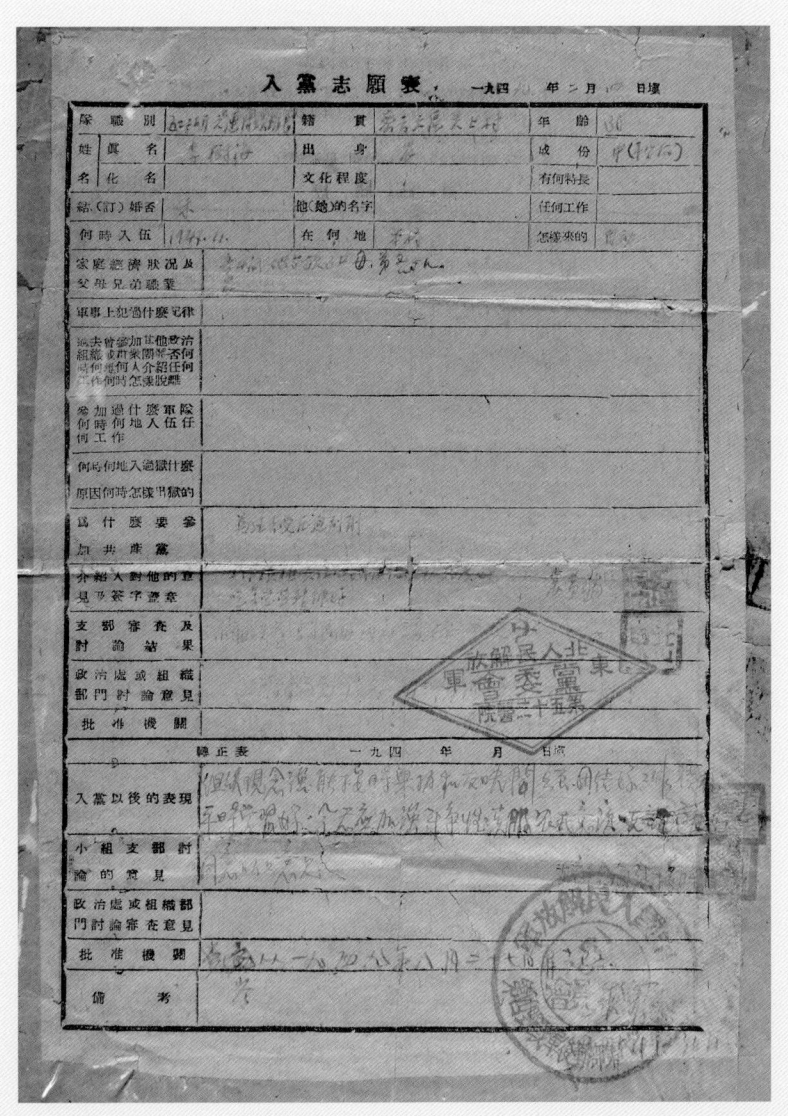

入党志愿表
关上村征集（长 26 厘米 宽 18.8 厘米）

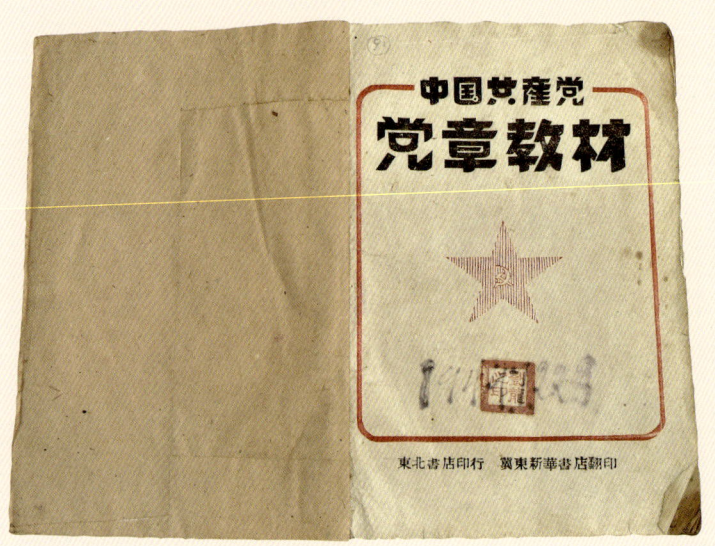

中国共产党党章教材
（长 18 厘米 宽 12.5 厘米）

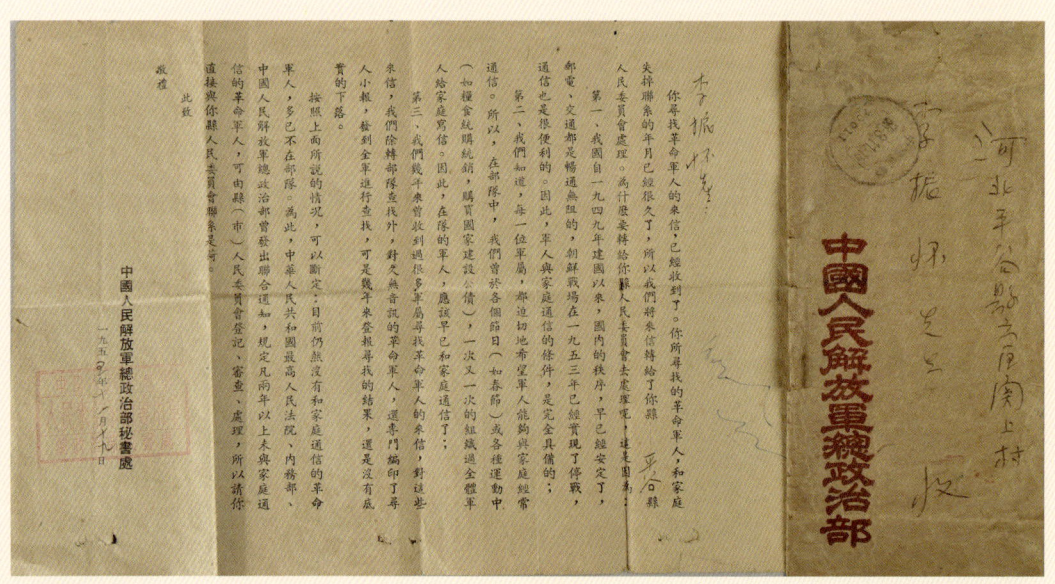

李志春烈士家书
关上村征集（长 18.8 厘米 宽 8.8 厘米）

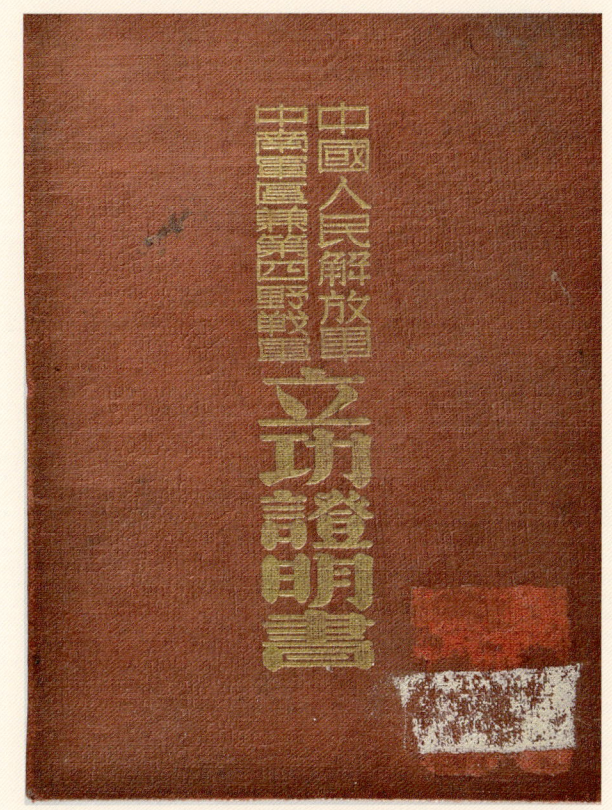

立功证明书
1988年3月2日关上村征集
（长13.6厘米 宽9.5厘米）

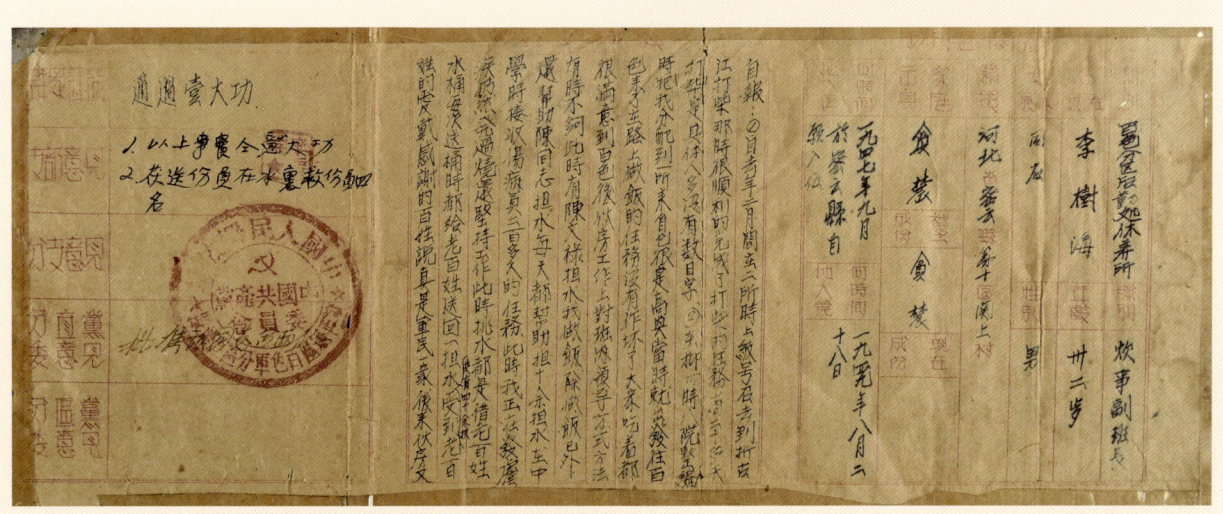

立功证书
关上村征集（长32厘米 宽14厘米）

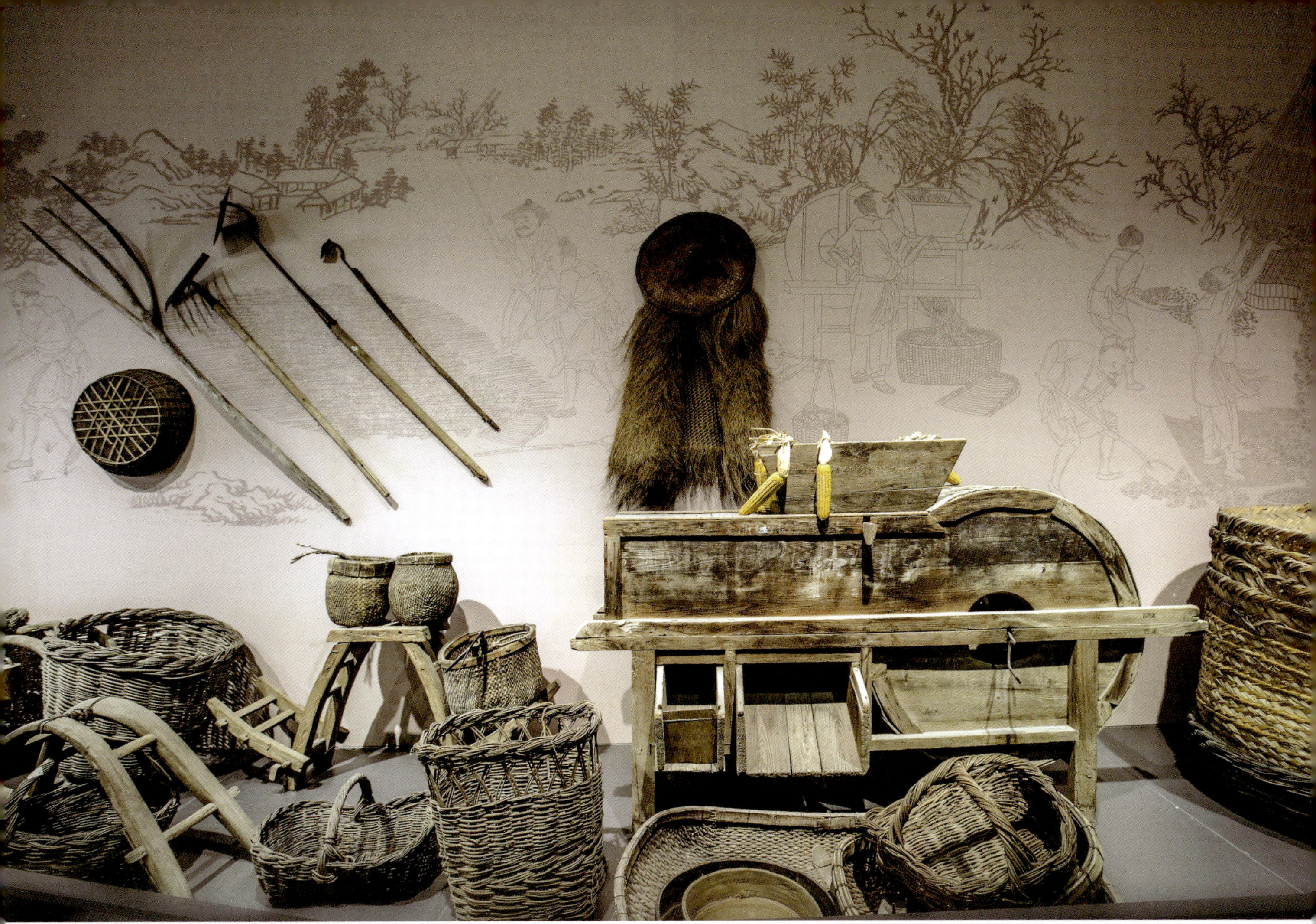

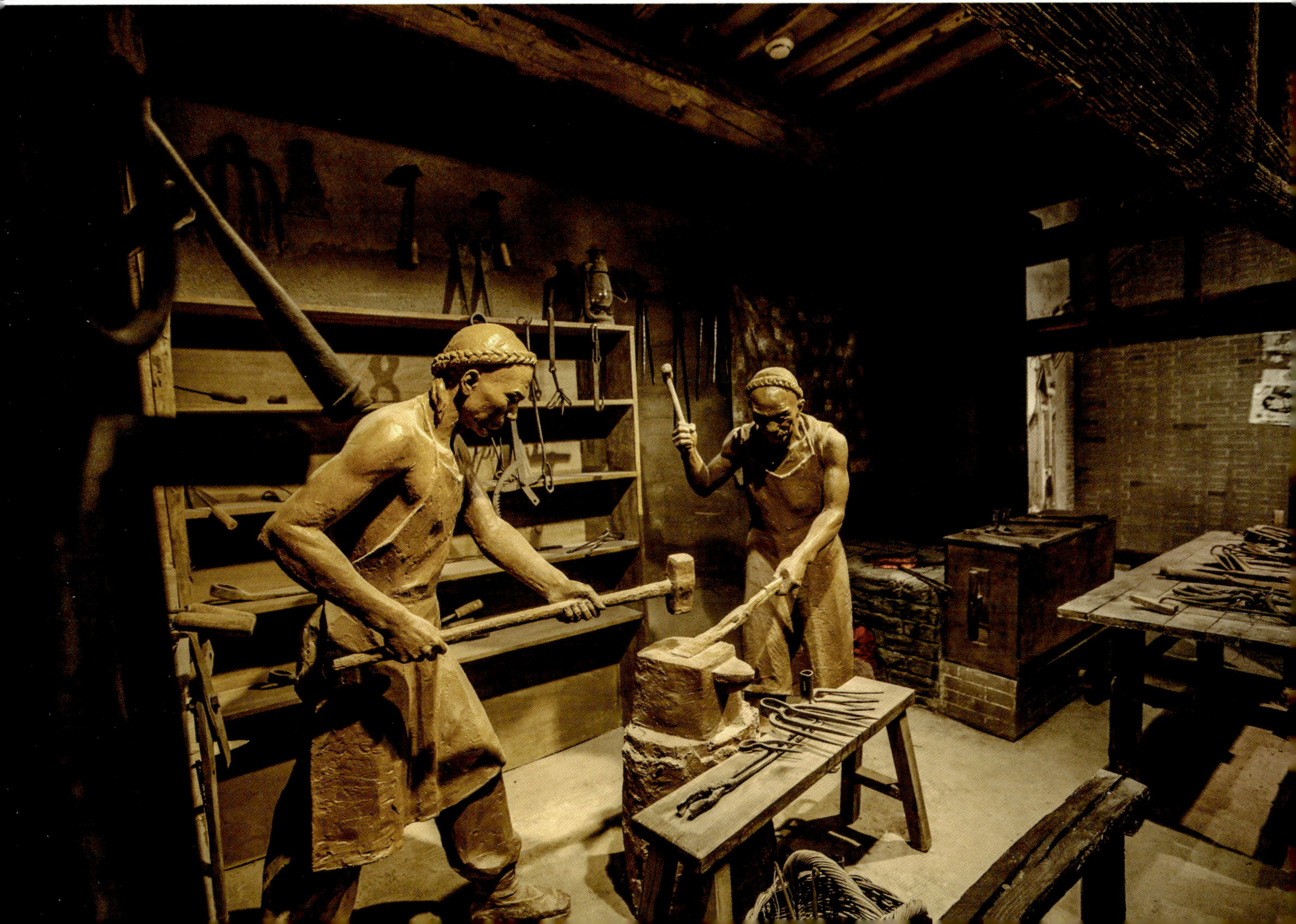

源远流长的洵河，孕育了平谷灿烂与辉煌的历史文化。这里历史悠久，民风淳朴。千百年来，多种民族文化交流融合，形成具有鲜明地域特色的民俗文化，既具有中原农耕文化的显著特征，又呈现出北方草原文化的浓郁色彩，是北京历史文化的重要组成部分。

平谷民俗文化陈列，以清末民初平谷百姓生产生活为背景，全面展示平谷百姓的衣食住行等方方面面，分为生产民俗、生活民俗、民间艺术、桃俗文化四个部分。

The long Juhe River gives birth to the splendid and glorious historical culture of Pinggu. This is a city with a long history and unsophisticated people. For thousands of years, multiple ethnic culture mutually exchanged and communicated, formed a folk culture with distinct regional characteristics. Such a folk culture is an important part of the history and culture of Beijing, for it has significant central farming features, meanwhile, it shows a bright characteristic of the northern grassland culture.

On the background of life and production of the people in Pinggu in late Qing Dynasty and early Republic of China, Pinggu folk culture exhibition comprehensively displays all aspects of people's life and is divided into four parts: production folklore, life folklore, folk art and peach popular culture.

第二章
京东乡俗 润土融生
——平谷民俗文化陈列

第一单元　生产民俗

伴随着农业生产的进行，平谷民间逐渐形成具有鲜明地域特色的生产习俗。这些习俗，影响并规范着人们的生产实践活动，反映了人们的民俗观念，在历史上对保证生产的顺利进行有一定的作用，主要包括农业习俗、手工业习俗。

With agricultural production, a production folklore with distinctive regional features was gradually formed among the people. Such folklore affected and regulated the production activities of people, reflected people's folk concepts and played a certain role in guaranteeing the smooth implementation of productions. Such folklore is mainly composed of agricultural folklore and handicraft folklore.

一、农业习俗

平谷农业生产历史悠久。早在新石器时代，定居于上宅、北埝头等地先民就已从事原始农业生产。至汉代，铁器得到广泛使用，农业发展迅速，呈现经济繁荣景象。明清时期，先后引种了棉花、水稻、番薯等农作物。由于平谷人民世世代代的勤劳耕作，奠定了平谷农耕文化的基础。

Agricultural production in Pinggu has a long history. As early as the Neolithic Age, ancestors settled in Shangzhai, Beiniantou and other places had been engaged in primitive agricultural production. To the Han Dynasty, iron was widely used, thus agriculture developed rapidly and showed an economic prosperity. During the Ming and Qing Dynasties, cotton, rice, sweet potatoes and other crops were introduced. Due to the hard-work of generations of people in Pinggu, a firm foundation was laid for Pinggu culture.

盖叉子

粪箕子

竹筛子

铁犁

升

箩

小笸箩

簸箕

扇车

粮囤

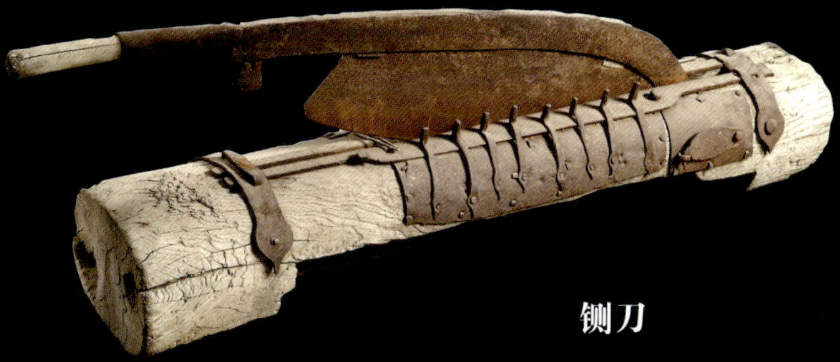

铡刀

第二章 京东乡俗 润土融生

二、手工业习俗

随着社会的发展，生产、生活的需求不断增加，各种手工艺制品应运而生，荆编、织布、打铁、冶金等与生活息息相关的各种手工技艺，为丰富平谷人民的生活创造了条件。

With the development of society, production and life demands increasingly grew, thus various handcrafts emerged, different craftsmanship closely associated with people's life, such as knitting, weaving, blacksmith, metallurgy, etc., created conditions for a colorful life of people in Pinggu.

纺车

织布机

锔锅锔碗工具

金碗

冶金工具

铅罐

剃头挑子

第二单元 生活民俗

平谷地区民俗文化源远流长，生活民俗作为民俗文化的一个支系，在漫长的历史长河中孕育发展。千百年来，勤劳朴实的平谷人民在长期的生产、生活中形成了具有鲜明地域特色的民俗文化，包括衣食住行、人生礼仪、集市、庙会、方言等。

Folklore culture in Pinggu region has a long history; as an important branch of folklore culture, living folklore emerged in the history. For thousands of years, in their long-term production and life, honest and hard-working people in Pinggu developed a folklore culture with distinctive regional features, including necessities of life, life rituals, market fairs, temple fairs, dialects and so on.

一、衣食住行

1. 衣

平谷历史上虽是多民族地区，但流传下来的服饰以汉族为主。旧时，平谷民间服装样式简朴实用，衣料一般多为家织布，颜色以黑、蓝为主，而官员、乡绅、读书人、买卖人、富人则依据各自的身份和经济状况着装。

Although Pinggu is a multi-ethnic area, clothing handed down from the history is dominated by those of Han Nationality. In old times, folk clothing was simple and practical in style, most materials were home-made cloth colored as black and blue, while officials, squires, scholars, businessmen and the rich dressed according to their respective statues and economic conditions.

苲（xué）子裙

对襟薄衫

大襟马甲　　　　　　　　　　　　长袍

围嘴

虎头帽

虎头鞋

肚兜

抹额

风尘帽

绣样

小脚绣花鞋

绣花荷包

绣片

绣垫

皮袄

毡靴子

2. 食

平谷饮食文化丰富多彩，具有浓郁的京东饮食特点。分为家常便饭、节日饮食、红白宴席和节令小吃四大类。其中，家常便饭多为粗粮，节日饮食规格较高，红白宴席讲究排场，节令小吃品类繁多，构成了平谷独具特色的饮食文化。

The food culture in Pinggu is extremely rich and colorful, with distinctive features of eastern Beijing diets. The food here is divided into four types, including family-style food, festival food, banquet food and seasonable snacks. Among which, family-style food is often made of whole grains, festival food has a relatively high level, banquet food focuses on ostentation, while seasonable snacks have countless kinds, all these together form the unique food culture of Pinggu.

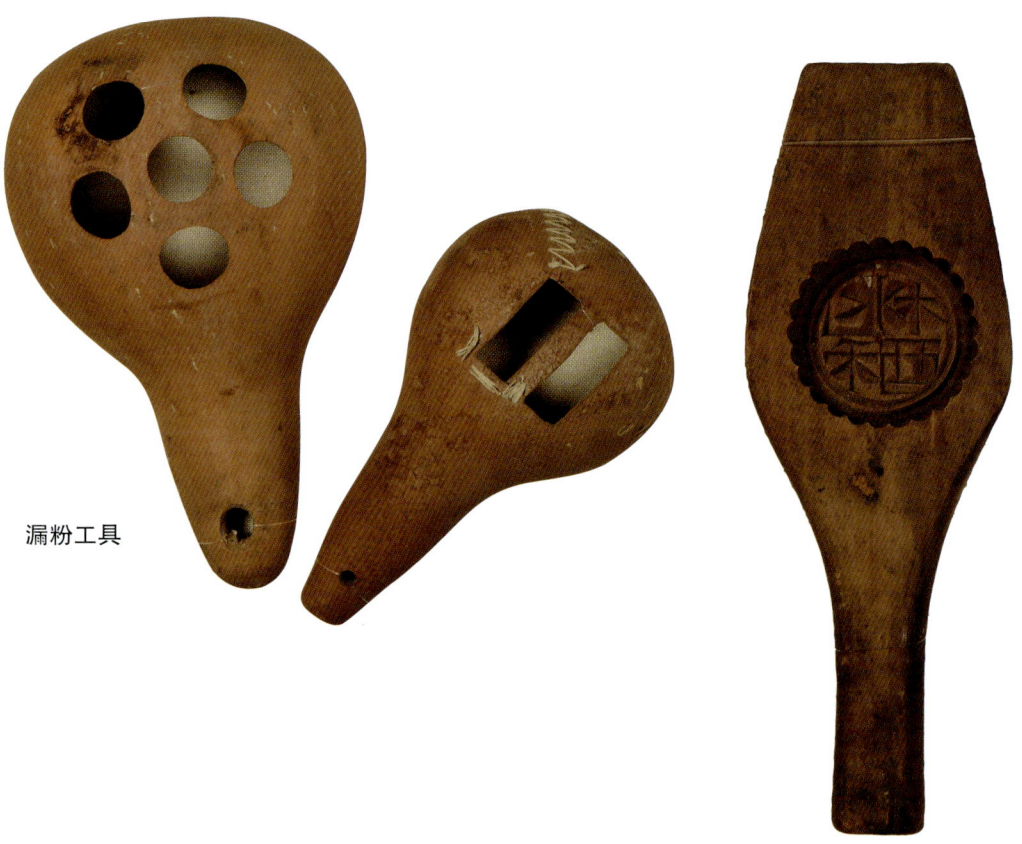

漏粉工具

点心模具

食盒

小锅饽饽锅

疙豆擦子

带梁锡酒壶

酒盅

食盒

3. 住

平谷旧时住宅多沿袭明清建筑式样，其格局、室内装饰、家居摆设等，与京城风格有所不同。富户多为三合院、四合院，普通农家院格局以"四破五"居多，还有三开间、五开间等。民国时期，一般农家多为土坯草房，至20世纪五六十年代后，以砖石结构瓦房为主体。

Old residents in Pinggu mainly inherited the architectural style of Ming and Qing dynasties, their patterns, interior decorations and home furnishings, etc. are slightly different from those of the capital style. Rich families mainly adopted tri-set or quadrangle dwellings, while ordinary farmers usually built 3-5 rooms in a house. During the Republic of China era, most farmers lived in thatched cottages, till the fifties and sixties in the last century, a masonry-structure with tiles gradually became the main style.

居住场景

4. 行

旧时,县内有五条官道,北通密云;南通三河;东南通蓟县。各乡修有乡道,河流设有渡口、桥梁。一般出行,主要靠步行,稍远骑驴或自行车。富裕家庭出行,一般骑马、乘马车或坐轿。

In the past, there were five official roads in the county. The five roads respectively led to Miyun in the north, Sanhe in the south, and Ji County in the southeast. Each village has its village road, and the rivers have ferry and bridge. People mainly go out on foot, and ride a bicycle or ride a donkey to relatively further places. The rich family usually ride a horse, a carriage or go in a sedan.

二、礼仪习俗

随着社会的发展，平谷民间逐渐形成了各种礼仪习俗，主要包括婚嫁习俗、添丁习俗、拜寿习俗、丧葬习俗、祭祖习俗等。这些习俗，影响并规范着人们的社会行为。

In the history, with the social development, various ritual customs began to appear among people, mainly reflected in marriage customs, childbirth customs, birthday celebration customs, funeral customs, ancestral customs, etc. All these customs affected and regulated social behaviors of people.

帽筒

喜字将军罐

喜字蜡扦

硬木妆奁盒

抓周盘

座钟

三、庙会

庙会，是一种集宗教、经济、文化活动于一体的民间习俗。随着平谷地区庙宇的兴起，逐步形成各自的庙会。这些庙会的举行，因所供奉的神祇各异，而时间不一，规模不等，影响范围亦不同。明清以来，规模较大的庙会，有丫髻山庙会、药王庙会、城隍庙会等。

Temple fair is a folk custom integrating religious, economic and cultural activities. As rising of temples in Pinggu area, different temple fairs were formed. Such temple fairs were different because of the gods they worshiped, their time, scale and influential area were also different from each other. Since Ming and Qing Dynasties, some large-scale temple fairs have been formed, such as the Yajishan Fair, Yaowang Fair and Chenghuang Fair.

四、集市

平谷自古就有赶集的习俗，人们在集市上进行商品交易活动。随着经济的发展，到明清时期，平谷地区逐渐形成城关、峪口、马坊、靠山集、华山五大集市。这些集市，一直沿传至今。

Market fair has a long history in Pinggu, people usually exchange their commodities in fairs. With the economic development, to the Ming and Qing Dynasties, five large market fairs had gradually formed in Pinggu area, including Chengguan, Yukou, Mafang, Kaoshanji and Huashan. These market fairs have been passed to now.

集市

第三单元 民间艺术

平谷民间艺术形式多样,既有节日、庆典期间大型的集会式娱乐,也有农闲、休息之后随意而安的享受。尤其是民间曲艺风格独特,代代相传,深受百姓喜爱,包括花会、皮影、评剧、平谷调、剪纸等。

Folk art in Pinggu has different forms, including fair-style entertainment during festivals and celebrities, as well as enjoyment after farming labors and rests. In particular, the folk art form was extremely unique, it was handed down by generations and was deeply loved by people, including Huahui, shadow play, Pingju, Pinggu Tune, paper cutting and so on.

一、平谷调

平谷调,又称平谷调大鼓、平谷大鼓。清光绪六年(1880)前后,家居平谷南太务的西河大鼓艺人王宪章吸收"乐亭调"的唱腔,创造了一支新的大鼓流派,称为"平谷老调",距今已有100余年历史。平谷调主要流传于京津冀及辽宁地区,至今仍有传人。平谷调艺术风格淳朴清新,独具韵味。其曲目众多,代表曲目有《施公案》《大八义》等。

Pinggu Tune is also known as Pinggu drum. Around the 6th year under the regime of Guangxu emperor (1880), artist Wang Xianzhang, living in southern

Pinggu, borrowed skills in "Leting Tune" and created "Pinggu Tune", till now, it has a history of more than 100 years. Pinggu Tune is mainly popular in Beijing, Tianjin, Hebei and Liaoning, even in nowadays. Pinggu Tune has a simple and novel style, it has developed countless plays, represented by *Shigongan*, *Dabayi*, etc.

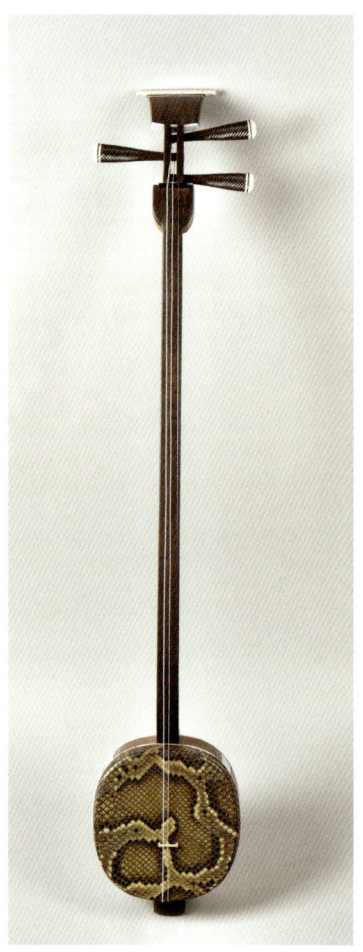

三弦

书鼓

二、西杏园评剧

西杏园评剧已有百年历史，唱腔传承传统评戏风格，道白使用"平谷腔"，形成自己的特点。主要演出剧目有《花为媒》《井台会》《桃花庵》《打狗劝夫》等。

It has a history of more than 100 years and its tune is inherited from the traditional PingJu, thus it has developed its own characteristics. Representative plays include *Flower is a Go-between*, *Jingtaihui*, *Taohuaan*, *Dagouquanfu* and so on.

戏帽

戏鞋

戏 帽

戏曲服饰

三、花会

明清时期，平谷便有花会活动。花会品类繁多，主要包括拨子、狮子、龙灯、大鼓、五虎棍、什不闲、吵子、高跷、秧歌、中幡、大吹儿、叉、坛子、杠子、小车会、跑驴、旱船、大头等多档花会。这些花会，舞蹈诙谐有趣，表演刚柔相济，音乐通俗热烈。

Flower fairs appeared in Pinggu during Ming and Qing Dynasties. Such fairs had different types, including plectrum, lion, dragon lamps, drums, Wuhu Stick, Shibuxian, Chaozi, Stilts, Yangko, The streamers, Dachuier, Cha, Tanzi, Gangzi, Xiaochehui, Run donkey, Hanchuan, Datouhui and so on. All these fairs were dominated with harmonious dances, performances and hot popular music.

1. 高跷秧歌

平谷的高跷秧歌传承至今已有 300 余年，以锣鼓四件伴奏，由 12 名踩高跷者

高跷秧歌

表演,分为文跷和武跷,文跷以沉稳庄重表演为主;武跷则需表演蹲跷、劈叉、报月、背剑等绝活。其唱腔表演有独唱、伴唱、对唱、合唱、领唱等多种形式,有《渔樵耕读》等20多个曲目,以北辛庄村高跷秧歌为代表,独具特色。

2. 舞龙

平谷的龙灯以北店村龙灯老会历史最长。130多年前,平谷北店村的贾魁臣、岳松、岳广银受来丫髻山演出的外地花会启发,创建了自成特色的北店龙灯。"龙翻身""金龙盘玉柱""跳龙门""双打滚""大扑球""二龙戏珠""金龙蟠玉柱""三环套月""跳四门""五股窜心""双龙交尾"等套路不断出新,龙灯会技艺日益精湛,至今仍保留着这些技艺。

舞龙

3. 舞狮

平谷的舞狮以大华山村的舞狮最具特点，已有150余年历史，属"北狮"中之"文狮"。狮身长丈余，重于表演，通过搔痒、舔毛、打滚、抖毛等舞蹈动作表现狮子的凶猛、温顺、急怒、嬉戏等情感性格特征。主要表演技艺有踩青、跳跃、探海、节节高等。

舞狮

4. 五虎棍

五虎棍这一花会始于明代。其中蕴含的故事背景是赵匡胤大战"董家五虎"。五虎棍流传时间较长，受到皇家的推崇和百姓的喜爱，具有"艺中有技，技中有艺"，杂技、武术与戏剧相结合的显著特色。

五虎棍

花会

花会演出服饰

5. 老会

大华山灯花善缘老会已有 150 余年历史，由"爱新觉罗氏"正白旗景善缘所创。全会共 11 档，后又增加 3 档。大华山灯花善缘老会特点之一是注重会规会礼，极力彰显雍容华贵。同时，表演文气十足，强调缓稳结合。散灯花是每天晚上走会的核心内容，老会的名称也因此而来。

四、平谷方言

平谷方言属官话方言的冀鲁官话，是北京地区所有方言中唯一不属于北京官话的方言，与周边地区方言形成鲜明对比。其主要特点是一二声互换，发音偏重，且略有"拖腔"，给人一种朴实、厚重之感。

Pinggu Dialect is a kind of official language in Hebei and Shandong; it is the only one in all dialects in Beijing area that did not belong to Beijing official language. Thus it was in a sharp contest with other regional dialects. The most important feature of the dialect is its tune switching and heavy announcement, leaving people with an honest and mature image.

五、平谷剪纸

平谷剪纸广泛流行于民间，主要创作者为农村妇女。近年，涌现出一批剪纸爱好者，在继承传统剪纸的基础上，注重吸收外地剪纸的艺术精华，反映现实生活。剪纸图案丰富，风格古朴简约，既具有写实性，又具有装饰性，为群众喜闻乐见。

Paper cutting is widely popular in Pinggu, mainly created by rural women. In recent years, a large number of paper-cutting lovers emerged, on the basis of traditional paper cutting, they attached importance to external paper cutting skills and reflected the realistic life of people. Paper cutting has developed rich patterns and simple styles; the works are both practical and decorative, thus are deeply loved by the masses.

剪 纸

六、皮影

平谷皮影戏，源于滦平、乐亭，已有百余年历史。唱腔高亢委婉，表现细腻丰富，影人制作精美，操作手法高超，深受广大农村观众喜爱。20 世纪五六十年代，是皮影戏兴盛时期，主要演出剧目有《五锋会》《紫荆关》《珍珠塔》《天门阵》等多部传统及现代剧目。

Pinggu Shadow play stem from Luanping and Leting, with a history of more than 100 years. The melody is high and euphemistic, able to show meticulous feelings. The characters are extremely beautiful in manufacturing and are deeply loved by rural audience. Shadow play got prosperous in the fifties and sixties in the last century, it is represented by many traditional and modern plays, such as the *Wufenghui*, *Zijingguan*, *Pear Tower*, *Tianmenzhen* and so on.

皮影

第四单元　桃俗文化

平谷民间大桃种植历史悠久，至 20 世纪五六十年代，开始引进新品种。20 世纪七八十年代，后北宫等村开始大面积种植，并迅速推广。至今全区大桃种植面积已达 22 万亩，被上海吉尼斯总部列为吉尼斯之最，享有"中国第一桃乡""世界最大桃园"的美誉。1999 年平谷县政府举办第一届"北京平谷国际桃花烟花节"；2011 年升级为"北京平谷第十三届国际桃花音乐节"，为京津冀地区著名的春季文化旅游活动。

Peach planting has a long history in Pinggu, till the fifties and sixties in the last century, new categories began to be introduced. In the 1970s and 1980s, peach was planted in a large area in HouBeigong Village and got promoted rapidly. So far, there are totally 220,000 Mu peaches in the district, entitled by Shanghai Guinness Headquarter as the "No. 1 peach village in China". "The largest peach garden in the world". In 1999, Pinggu country government celebrated the first "Pinggu International Peach and Firework Festival", in 2011, this event was upgraded as the "10th Pinggu Peach and Music Festival", it has become a well-known cultural tourism event in spring in Beijing, Tianjin and Hebei area.

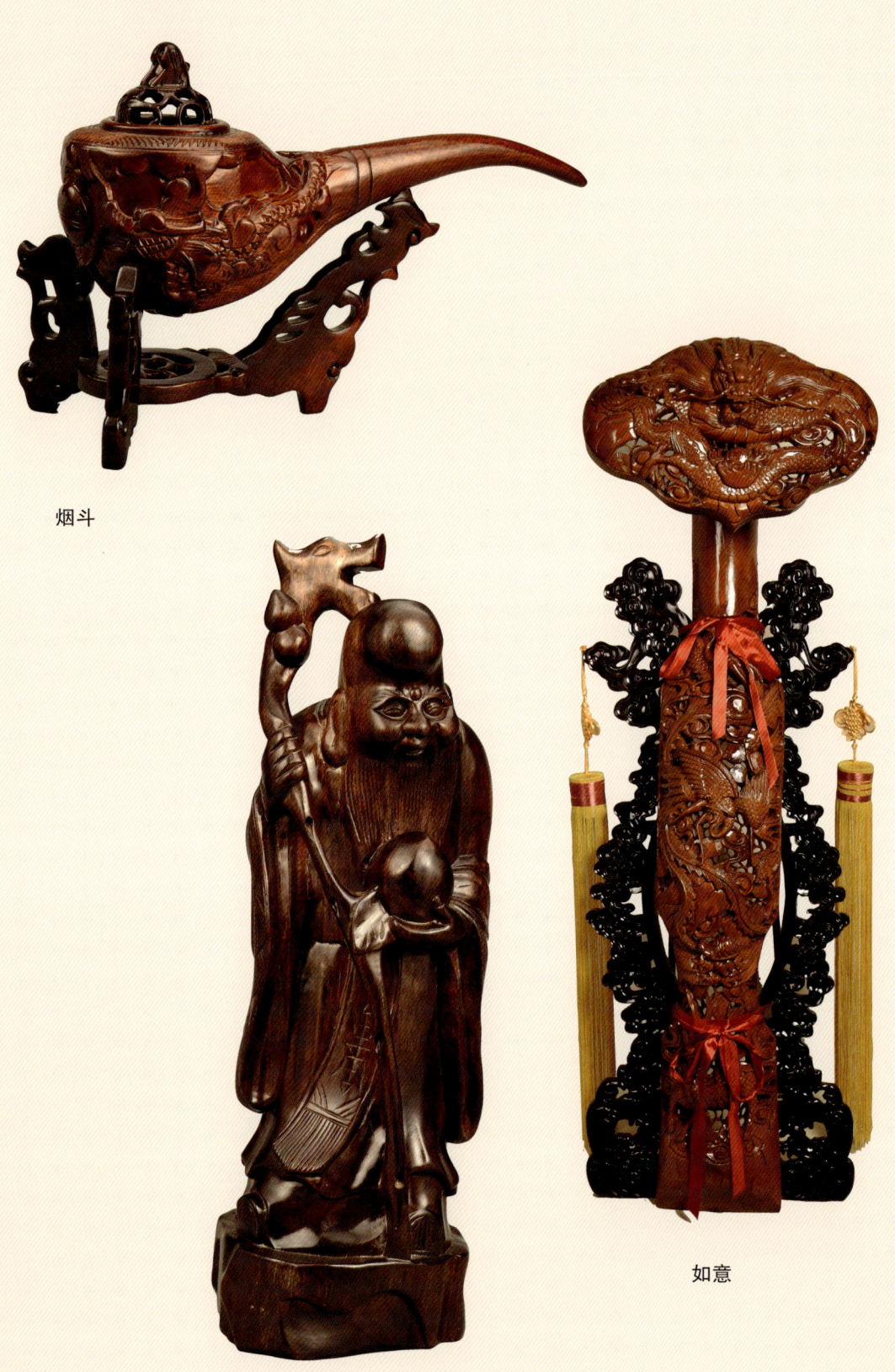

烟斗

寿星

如意

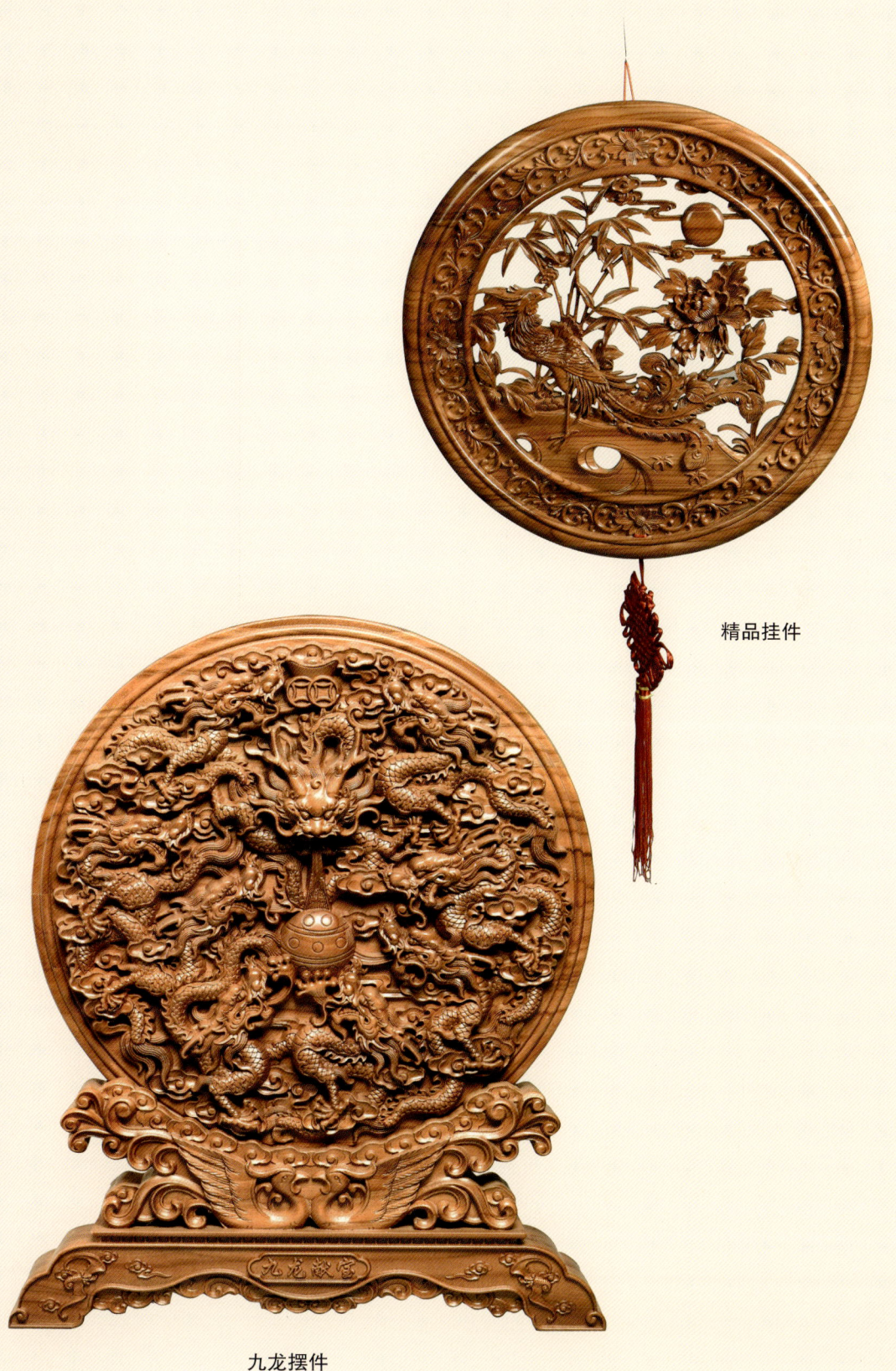

精品挂件

九龙摆件

聖諭廣訓

隆學校以端士習 第十條

然學校之隆固在司教者有整齊嚴肅之規尤在為士者有愛惜身名之意士品果端而後發為文章非空虛之論見之施為非浮薄之行在邦國則為良臣所係顧不重哉

這第四段是專專責望士子的意思承上文說來教官是不可少的了然學中要隆盛起來固在教官有整齊嚴肅的規矩還要士子們有愛惜身名的意思如士品果然端正從此做出文章來也不是兩句空話做出事體來全無有一點輕狂在鄉黨算個有名的秀才在朝廷算個有用的良臣所關係實實不輕士子們俱該自勉的

第三章 世纪阅报馆

报刊是社会发展的缩影,在中国近现代史上,对社会的影响至为重要。然而报刊属时效性很强的读物,时过境迁后再难寻觅,尤其是百年前的报刊,如今都成了珍贵的文化遗产。

收藏家李润波先生青年时代即热衷集报,经过40年努力,已收集清代以来各历史时期报刊5000多种、100000余件。2004年在平谷档案局成立世纪阅报馆,江泽民同志参观报馆后欣然题词——世纪阅报馆。2009年李润波将全部藏品捐给区政府。博物馆建成,报馆迁入,长期陈列。

展览共分四部分,展示清康熙三年以来300年报刊藏品,对研究我国政治、经济、军事、文化等方面具有重要的历史价值。世纪阅报馆现为中国新闻史学会教学研究基地。

Newspapers and periodicals are an epitome of social development. They had a significant influence over society during China modern and contemporary periods. However, newspapers and periodicals are "fissionable" reading materials. When circumstances change with the passage of time, they tend to lose their traces. The newspapers and periodicals more than a century ago, especially, have become valuable cultural heritage.

Mr. Li Runbo, a famous collector, has been enthusiastic about collecting newspapers and periodicals since he was young. Through forty years of efforts, he has gathered about 100,000 newspapers and periodicals from different historical stages since Qing Dynasty, which can be classified into more than 5000 categories. In 2004, the Century Newspaper Library was founded by Pinggu Archives Bureau. After a visit to this library, Comrade Jiang Zemin wrote an inscription with pleasure. In 2009, Mr. Li Runbo donated all his collections to the district government. When the museum was completed, the library was moved to this new address. All the newspapers and periodicals would be displayed on a long-time basis.

This exhibition comprises four parts. It displays more than 300 years of newspapers and periodicals since the Third Year of Emperor Kangxi in Qing Dynasty, which are of great historical value to the study of China's politics, economics, military affairs and cultures. The Century Newspaper Library has now become a teaching and research basis of the Chinese Association for History of Journalism and Mass Communication.

第一节 清代报刊

报纸是当代最大众化的读物。其起源大体有三：由历史邸报、邸抄、京报演化而来；朝廷官报改进；西方传教士为传教布道输入。但真正发达起来，却是因商业迅猛发展需求的结果。本展区通过实物和图片相结合的办法，将中国现代报纸的起源和最后定式作了较为准确的交代。内中一些展品为国内外仅见，十分珍贵。

Newspapers are the most popular readings in contemporary era. They're mainly derived from three aspects: evolved from historical Tipao, court bulletins and Peking Gazette; improved from the imperial court's official gazette; and inputted by western missionaries for preach. But its real flourish is the result of demands of rapid commercial development. Through the combination of physical objects and pictures, this exhibition area gives a relatively accurate account of the origin of Chinese modern newspaper and its final pattern. Some exhibits in it are very rare at home and abroad.

第一单元　早期报料

早期报料是现代报的前身，名为报，实际大多是报告事件的文书，包括奏折、禀折、抄报、邸报、京报及官方发出的执照信札等，严格意义讲，和现代的新闻报有很大区别。

1. 邸报

邸报是中国最早的报纸，至迟到唐代就已正式行用。但历史上的邸报均为地方政府驻京办事处上传下达的行文，纯系手工抄写，宋以后始有

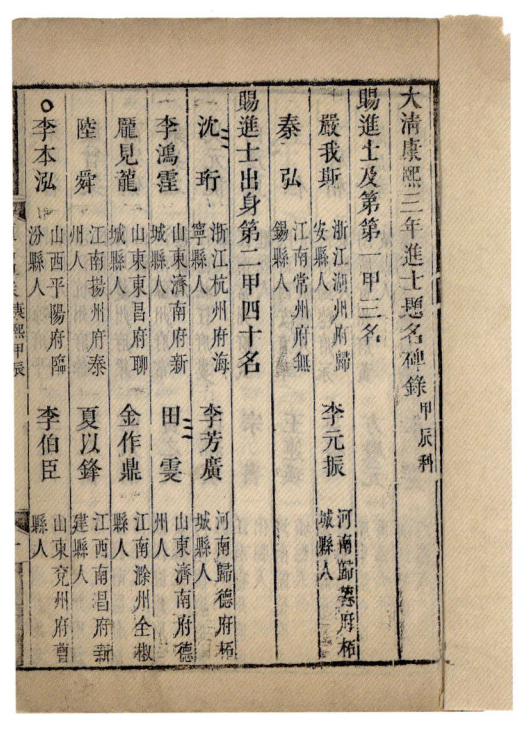

康熙三年《邸报》进士题名录首页

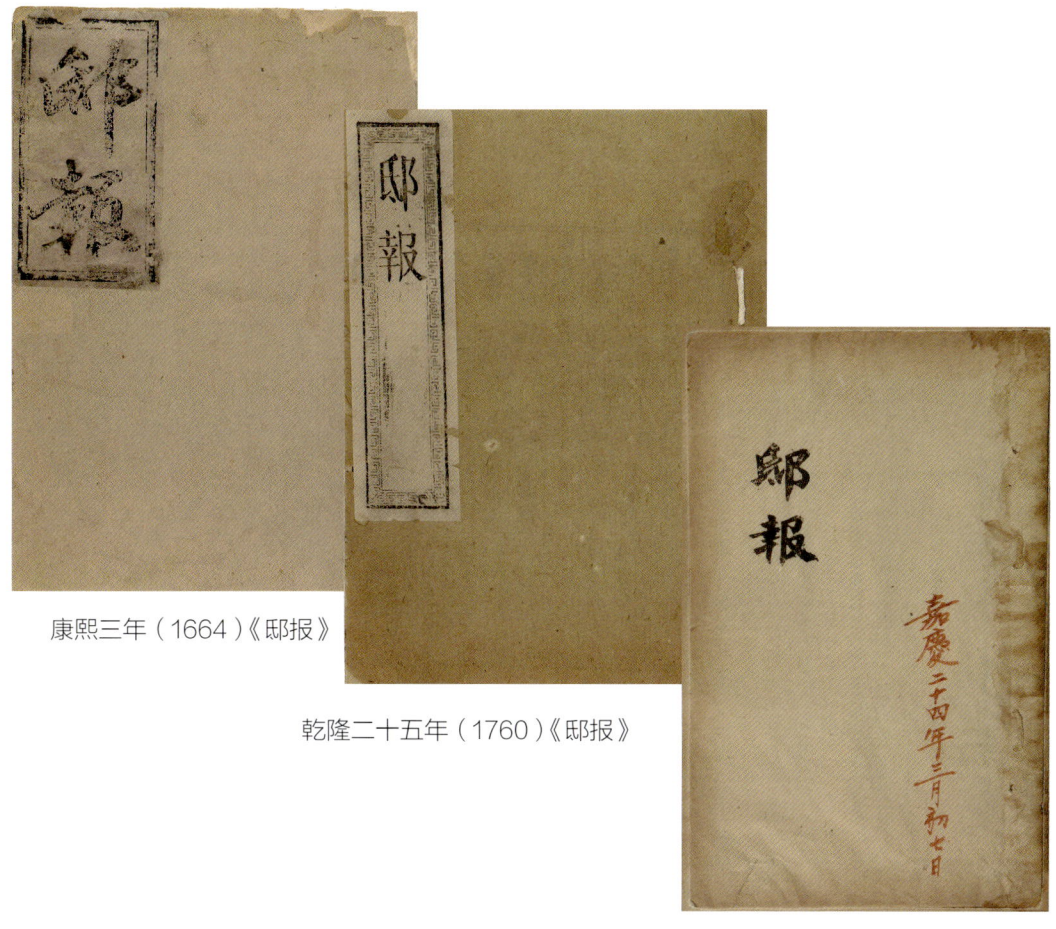

康熙三年（1664）《邸报》

乾隆二十五年（1760）《邸报》

嘉庆二十四年（1819）《邸报》

印刷件，但没有报头，清代社会对《邸报》需求量大增，印刷的《邸报》行销各地。清中叶以后逐渐为黄皮《京报》所取代。

2. 早期报料

所谓报料，其实就是最早的报纸形态。报纸，最初是指报告事项的纸张，包括奏折、禀折、谕折等，后来传递的信札也称报。不同机构发出的，具体称谓有所不同，有京报、院发、府发、省发、州发等。这些信札有通过驿站传递的，叫京发，也有通过军队传递机构传递的，叫"提塘"。另如"奏报"和"发钞事件"为内阁公报房允许社会报馆抄录的"邸报"内容，抄录后回馆印刷出来，名之为"京报"或"邸报"，对外发售。以前，新闻史著作中时常提及这些名词，但很少有人见过原件，特别是辕门省报，存世极罕，而这组辕门省报及带字头的信封，为道光十九年原件，无论是在新闻史界还是在邮政史界，都是孤品。

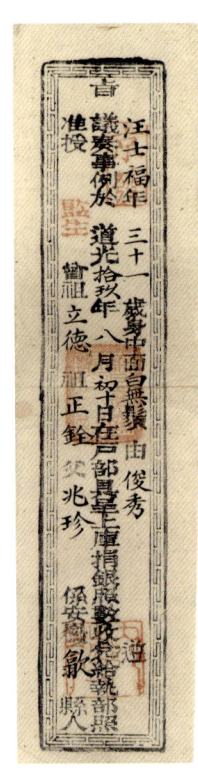 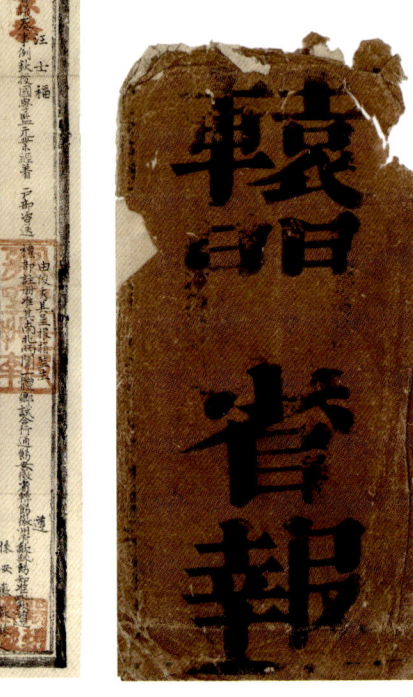

道光十九年（1839）辕门钞，为目前发现的最早辕门钞。

道光十九年（1839）辕门钞信封

3. 京报

京报来源于邸报或邸抄，民间报房通过内务府关系，到公报房抄录可以公开的奏折、谕旨、皇帝起居注，然后回报房再予传抄、出售。清中期以后，报房为满足读者需求，使用木板活字批量印制。

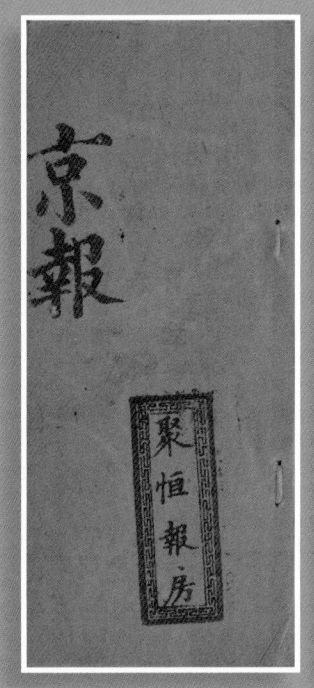
聚恒报房《京报》

公兴报房《京报》

聚升报房《京报》

天辅报房《京报》

三友报房《京报》

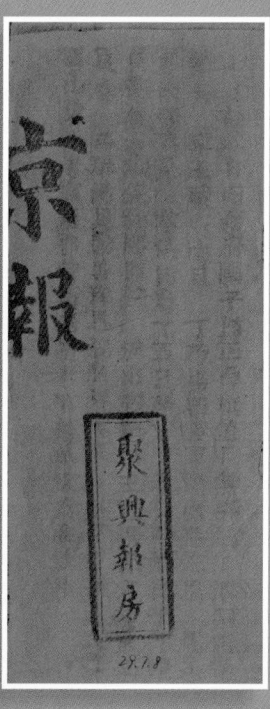
聚兴报房《京报》

第二单元　早期官报

官报就是官衙门创办的报纸，最早者当属朱批谕旨。1896年维新派人物开始辅政，他们主持编发的《中外纪闻》《官书局报》，仍没有期刊号。最早有期刊号的官报是1902年12月袁世凯在担任直隶总督时创办的《北洋官报》，之后各省纷纷效仿。1907年10月，清廷设立政治考察馆，也按此格式创办《政治官报》。

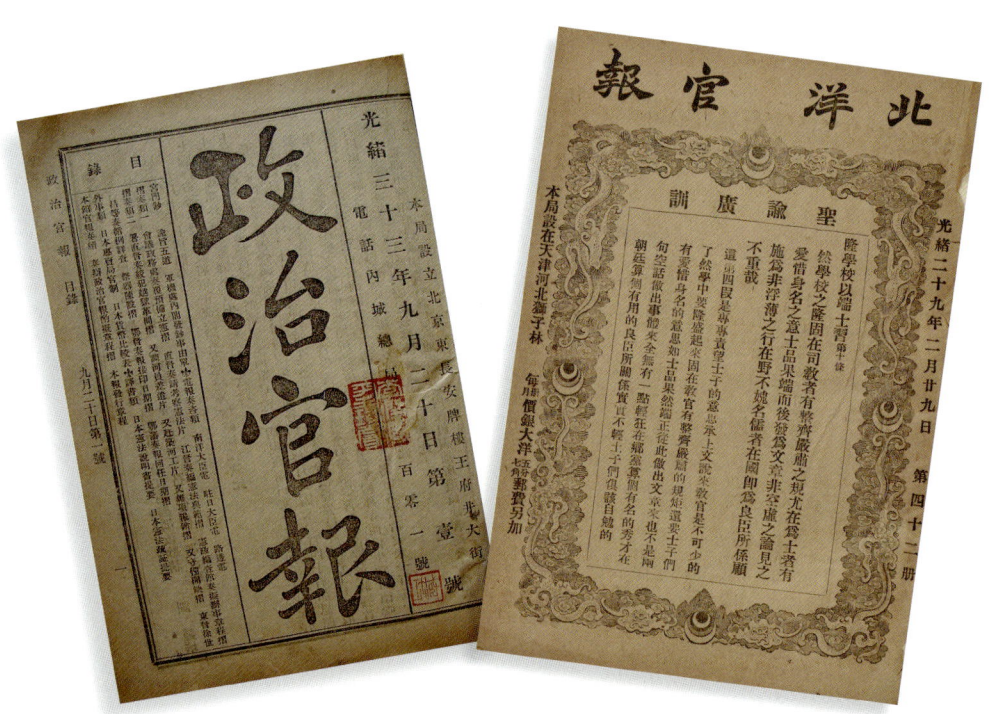

光绪三十三年（1906）《政治官报》创刊号　　光绪二十九年（1902）《北洋官报》

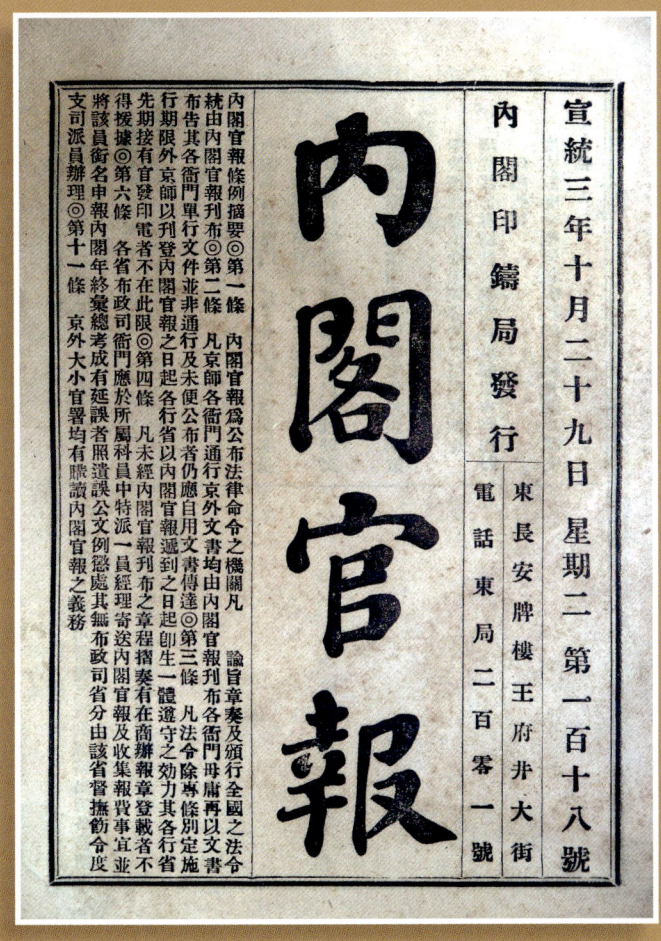

《内阁官报》

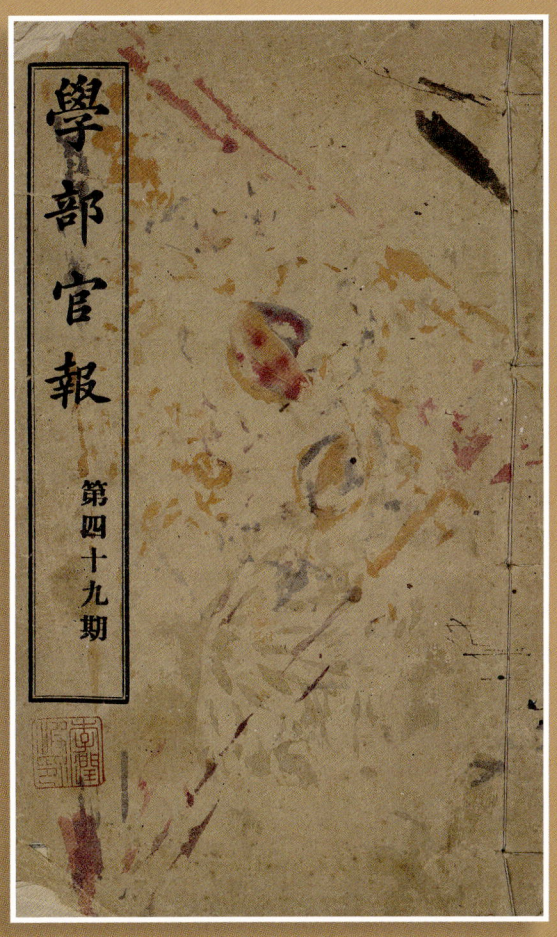

《学部官报》

第三单元　教会报刊

西方传教士为传教布道,将西方新闻报模式引入中国。从报业史角度看,教会报刊是中国现代报业的真正起源。

最早华文报是 1815 年在马六甲出版的《察世俗每月统计传》。最早在上海出版的华文报是《六合丛谈》,最早在北方出版的华文报是《中西闻见录》。教会刊物一方面传教,一方面也给中国带来了新文化和科学技术。如工业机械设备和化工设备,是《格致汇编》最先介绍的;数学用的阿拉伯数字计算方法,是由《益闻录》介绍的;西医是《万国公报》介绍的。这些刊物为中国科学技术的发展发挥了重要作用。

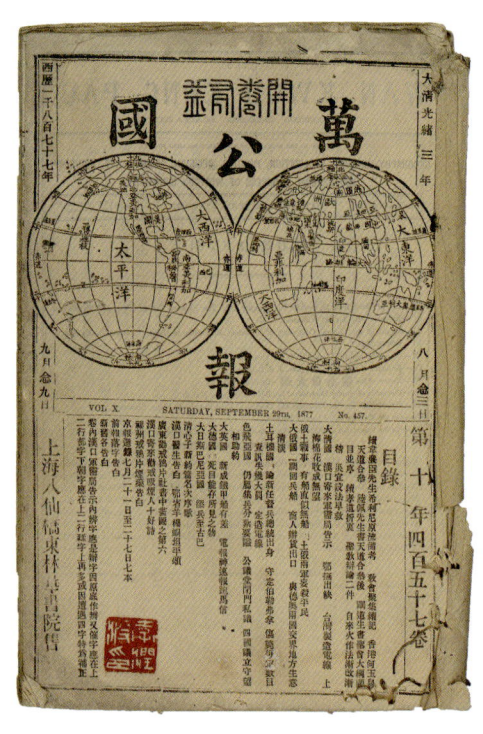

光绪三年(1877)《万国公报》

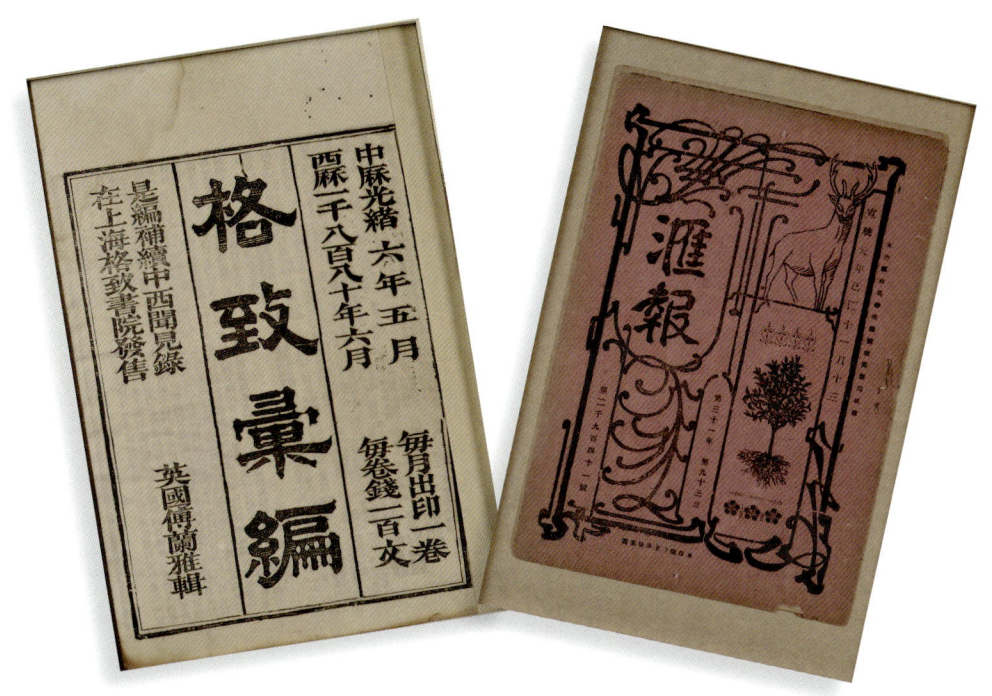

光绪六年（1800）《格致汇编》　　宣统年间《汇报》

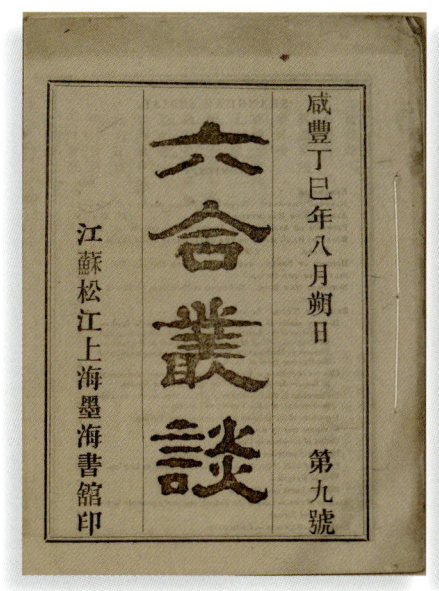
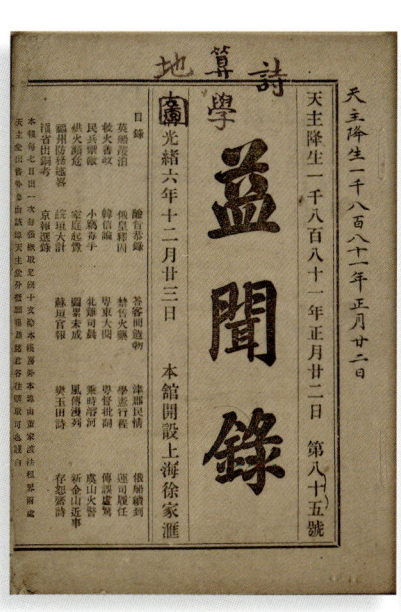

咸丰年间《六合丛谈》　　光绪六年（1881）《益闻录》　　同治十二年（1875）《中西闻见录》

晚清时节，中国处于风雨飘摇之中，外国列强从不同角度在观望着中国政局变化，法国《巴黎小报》特派一些记者和画手，将中国各地发生的大事件绘画出来，刊登在该报上。英国人对中国各阶层的生活状况很感兴趣，也通过绘画手段将所见情景绘制下来，制作铜版画，刊登在《伦敦新闻报》上。这些绘画采取的是写实手法，因而很有史料价值。

1866年英国《伦敦新闻报》（铜版腐蚀画）- 刊载1755年法国画家绘画的北京前门外场景

第四单元　清代新闻报

1. 中国新闻报

鸦片战争后,上海、广州等城市被辟为通商口岸,西方商人云集于此,由于商业信息传播的需要,西方新闻报纸模式被引进。1862 年首创《上海新报》,10 年后又诞生一份《申报》。《申报》因经营有法,自 1872 年 4 月 30 日创刊至 1949 年 5 月 26 日停刊,是旧中国影响最大的报纸,在很多方面都开了中国报业之先河。

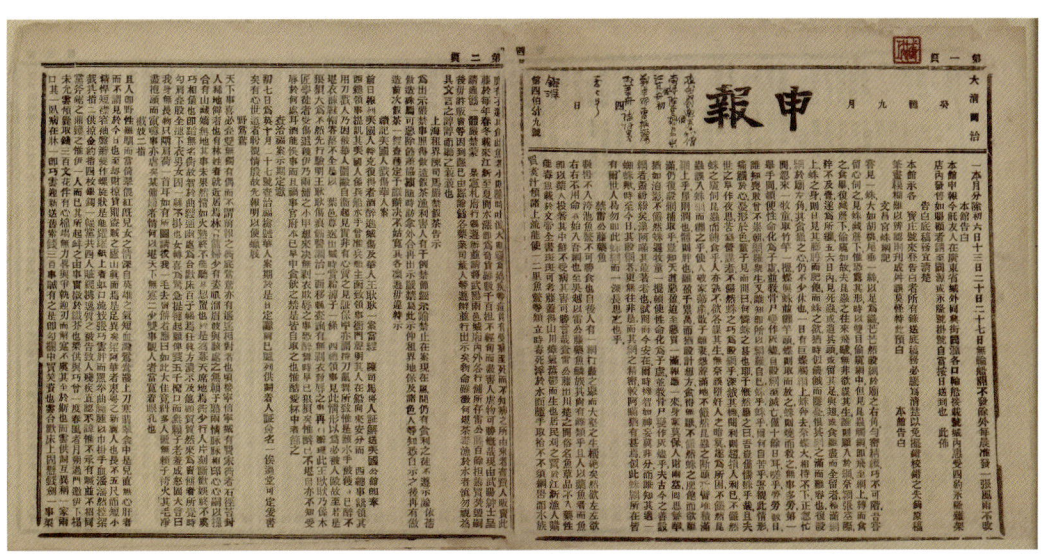

同治十二年(1873)《申报》

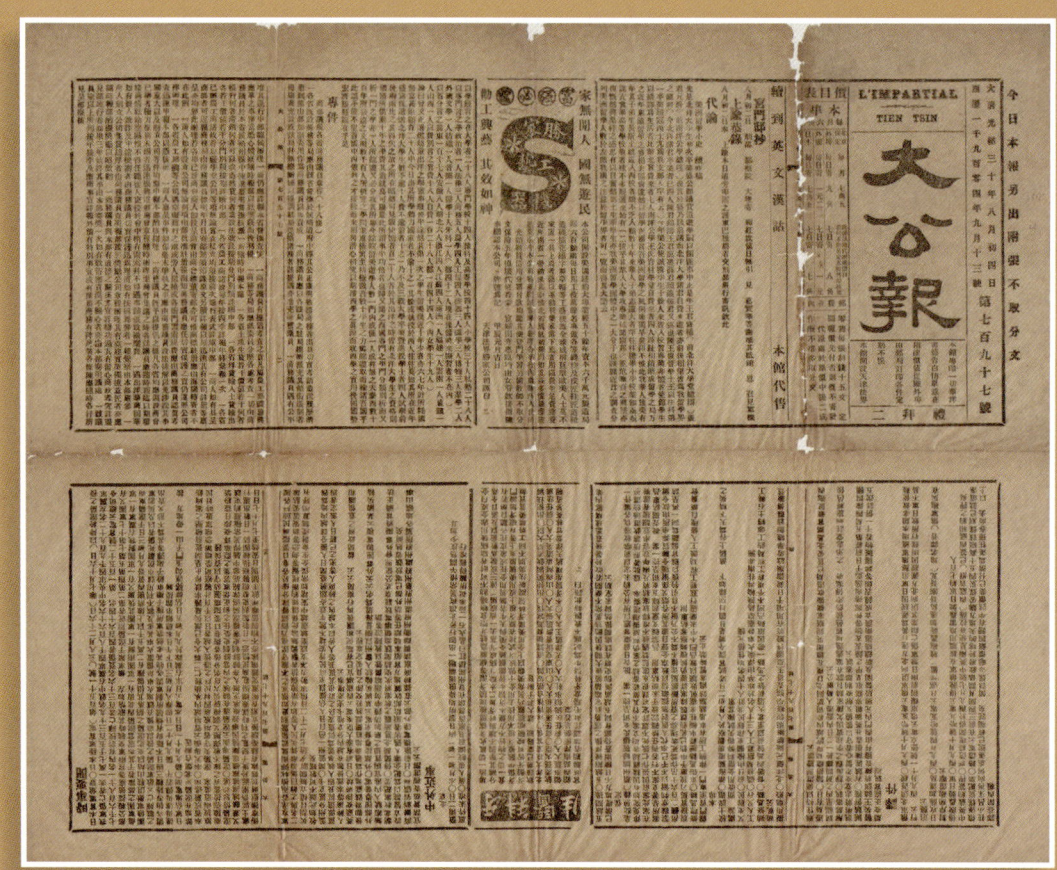

大清光绪年间《大公报》

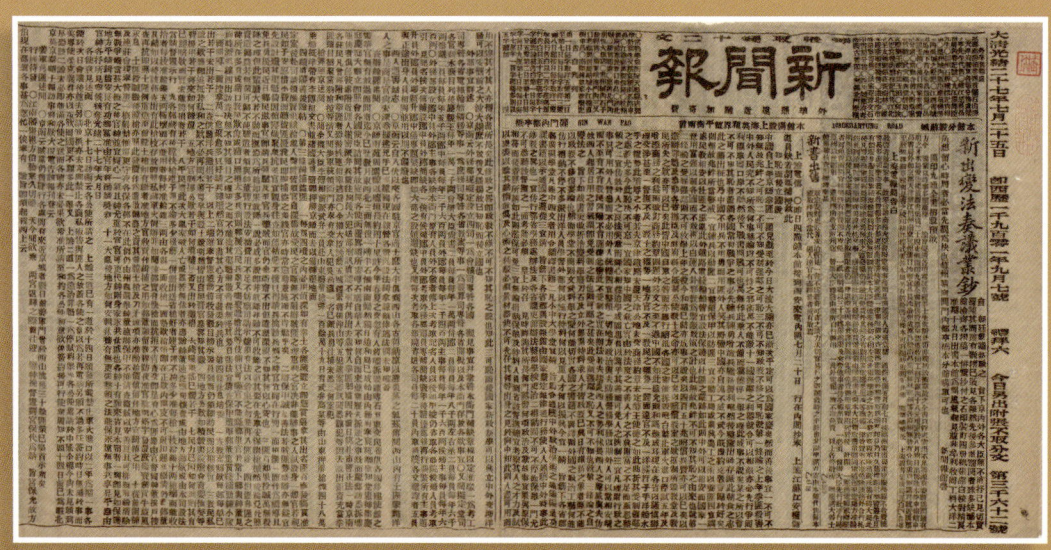

大清光绪年间《新闻报》

光绪三十四年（1908）《神州日报》，该报对光绪皇帝和慈禧太后相继驾崩作了全面报道，此报当属我国第一份报道国家首要人物去世的报纸。

2. 清代画报

清代画报有小说画报、景物画报和新闻画报三种，均为人工手绘，石板或木板刻印。其中新闻画报所绘制的都是当时发生的新闻事件，真人真事，纪实性强，历史价值极高。

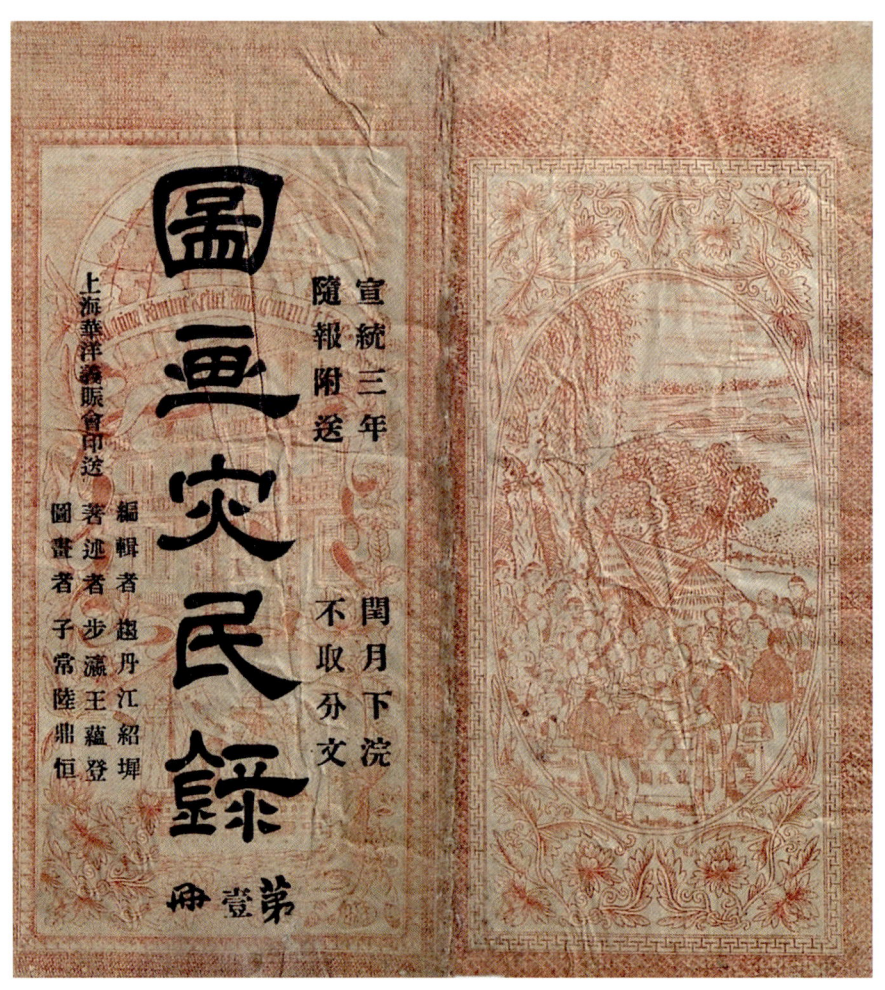

《图画灾民录》是 1908 年安徽发大水后上海为赈灾而出版的画折

《点石斋画报》封面

3. 维新报刊

戊戌变法期间，为宣传自己的政治主张，维新派创办了一系列报刊。这些报刊虽生命短暂，但为推动社会的进步发挥了重要作用。其中影响最大的是梁启超、汪康年等主编的《时务报》《昌言报》《农学报》《新学报》等。现在，这些报刊已存世极少，每件都很珍贵。

戊戌变法名刊《时务报》

光绪二十四年（1898）《昌言报》第七册

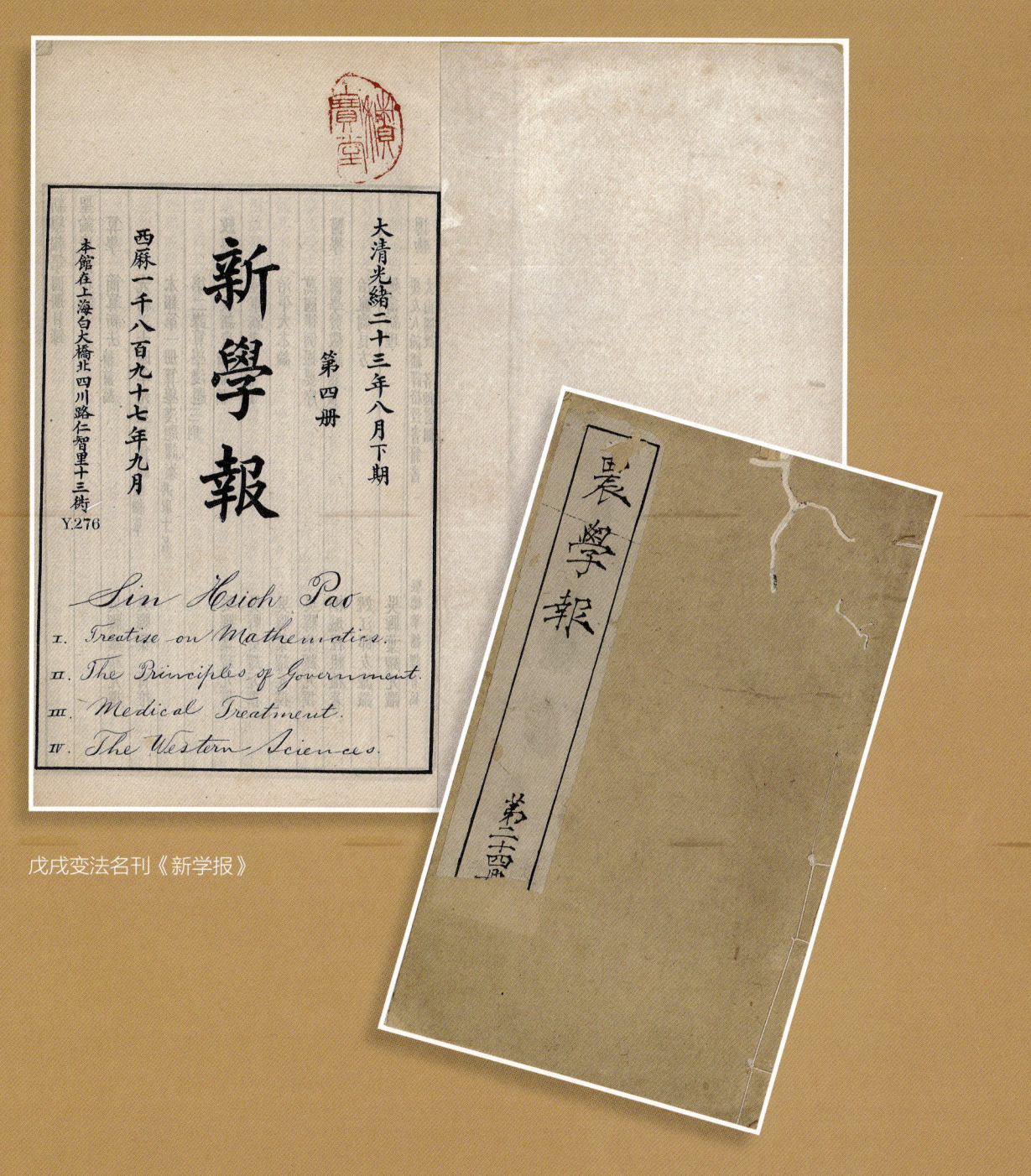

戊戌变法名刊《新学报》

戊戌变法名刊《农学报》

第三章 世纪阅报馆 ·189·

第二节 民国报刊

民国成立后，国体很快遭遇袁世凯集团蹂躏，旋又遭各地军阀撕裂，加之强敌入寇，人民饱受煎熬之苦。因为各种势力都需要舆论支撑，文化、艺术、体育发展也需要媒体宣传，因而这一时期的报刊业反倒进入兴盛时期。五四运动掀起第一次办报高潮，1930年出现第二次高潮，1935年到1936年，期刊创办达到顶峰。这一时期报刊大体有三类：一是以学术为主体；一是以政论为主体；一是以艺术为主体。

After the establishment of the Republic of China, the state system was soon devastated by Yuan Shikai group and then was torn by warlords in various regions, accompanied by the invasion of powerful enemies, people suffered from the pain. Because all sorts of forces needed the support of public opinions and the development of culture, art and sports also needed media publicity, the press industry in this period entered a silver age instead. The May 4th

Movement initiated the first movement to run newspapers; then the second time was in 1930. During 1935~1936, newborn periodicals reached the top. There were mainly three types of periodicals in this period, one is dominated by academic research, the second is dominated by political comments and the last is dominated by arts.

第一单元 民国名报名刊

1. 民国体育报刊

中国传统体育以健身、表演为目的，没有田赛和径赛类竞技项目。晚清以后，随着西学渐进，大城市开始仿照西方国家，接触新型体育项目，并经常举办小规模比赛，使现代体育迅速得到推广。为促进现代体育发展，一些主流媒体自 1930 年以后，刻意开辟体育大赛专号。还有的体育团体集资创办专业项目期刊和书籍，对中国现代体育发展发挥了重要作用。

1922 年创办的中国第一份体育期刊《体育季刊》

1932 年出版的《足球世界》　　　　1948 年出版的第七届《全运会特辑》

2. 民国名报名刊

清朝灭亡后，中国出现南北对峙、军阀混战局面，为鼓吹自己的主张，无不将办报纸作为头等武器，而社会上的思想家、政治家、文学家等，也纷纷利用这种大众媒体联络同人，结成团体，客观上将中国报刊业推入鼎盛时期。

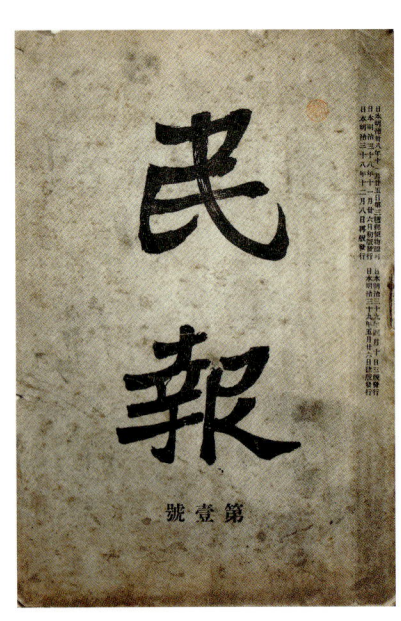

1905 年 8 月，孙中山与黄兴、宋教仁等一起，在日本东京组织创立中国同盟会，并创办同盟会机关报《民报》，作为宣传资产阶级革命主张，驱除鞑虏，恢复中华的理论工具。

《鹭江报》于1902年4月28日，由英国牧师梅迩·山雅各在厦门所创办。

同盟会名刊《克复学报》

亚洲第一份时事画报《世界》第一期　　　　　　《世界》第二期

3. 民国社会新闻报

民国时期，现代新闻报成为主流媒体，由于党派、军阀丛生，报纸作为宣传工具广泛应用于社会，尤其北伐战争到抗战全面爆发之际，中国报业达到空前规模。政论报和商业新闻报最为突出。上海是当时的新闻中心，全国70%的报刊创办在上海；北京次之。

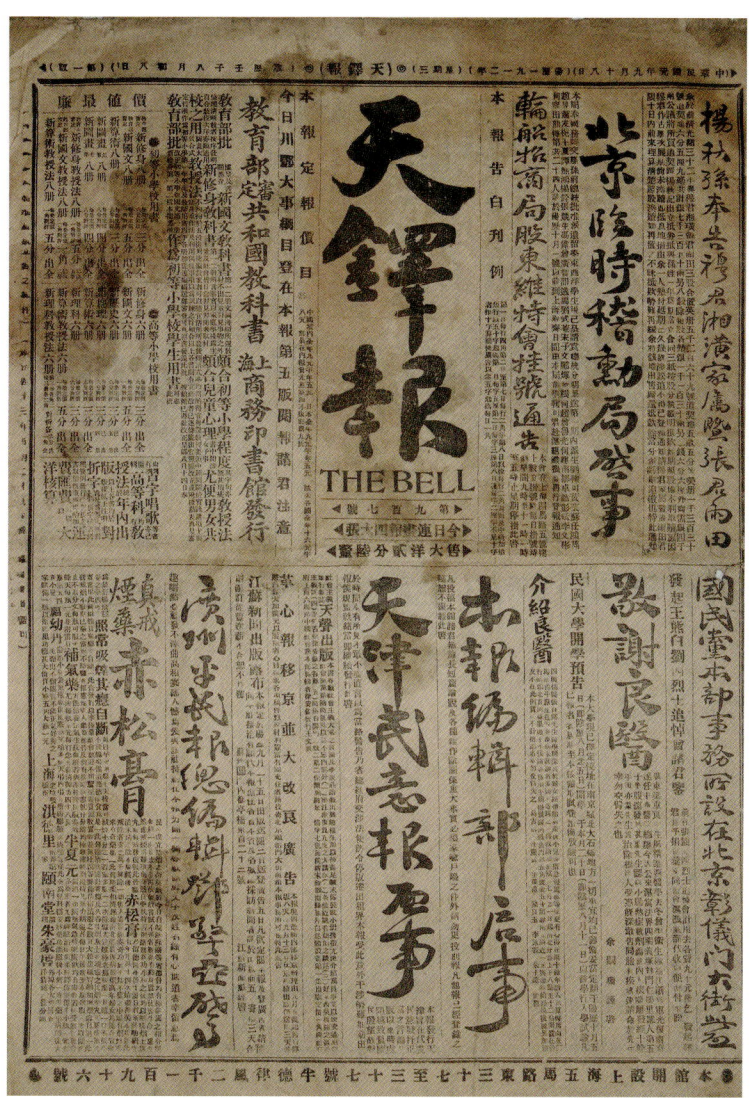

1912年9月18日
同盟会创办的《天铎报》

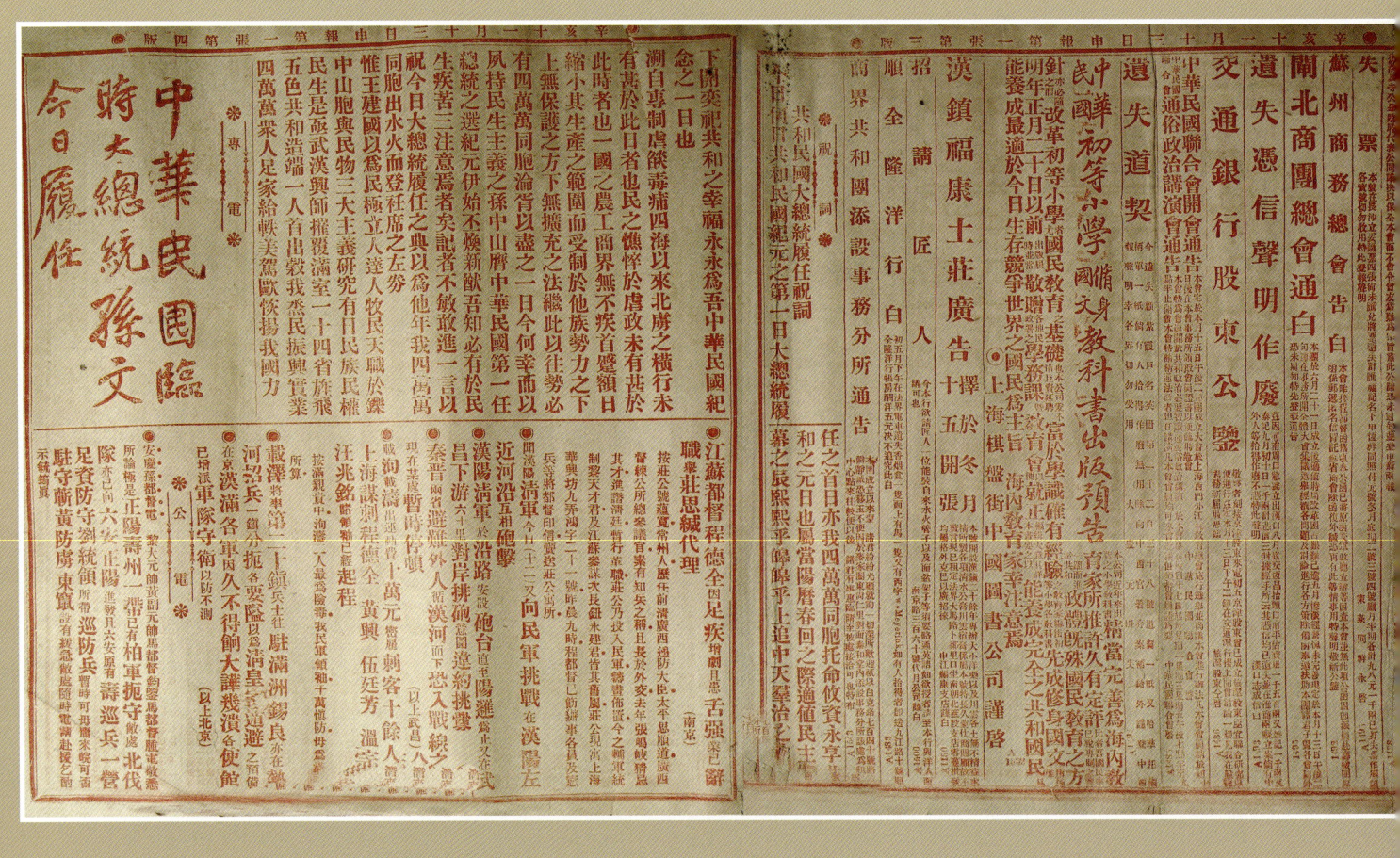

1912年1月1日《申报》

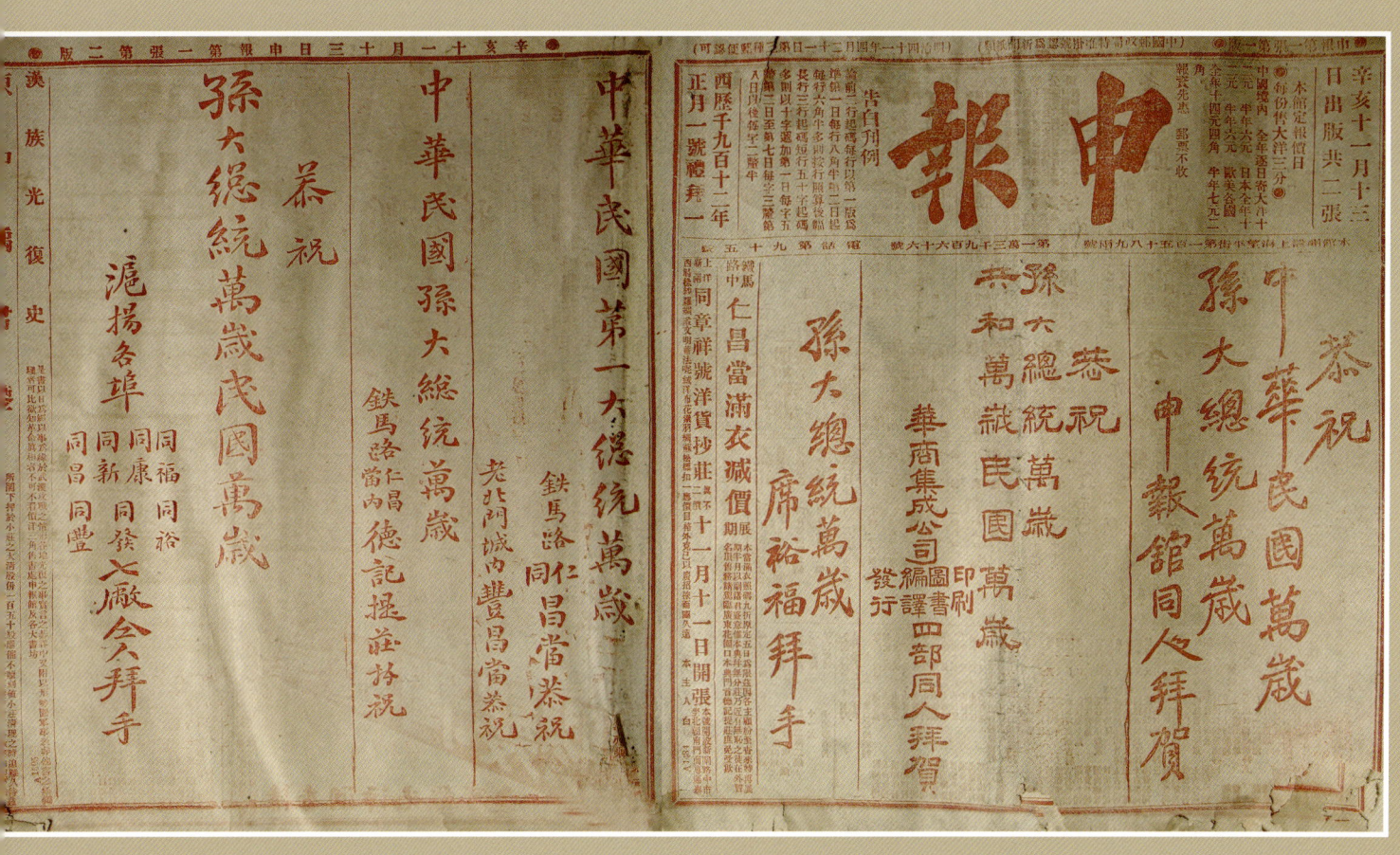

第三章　世纪阅报馆

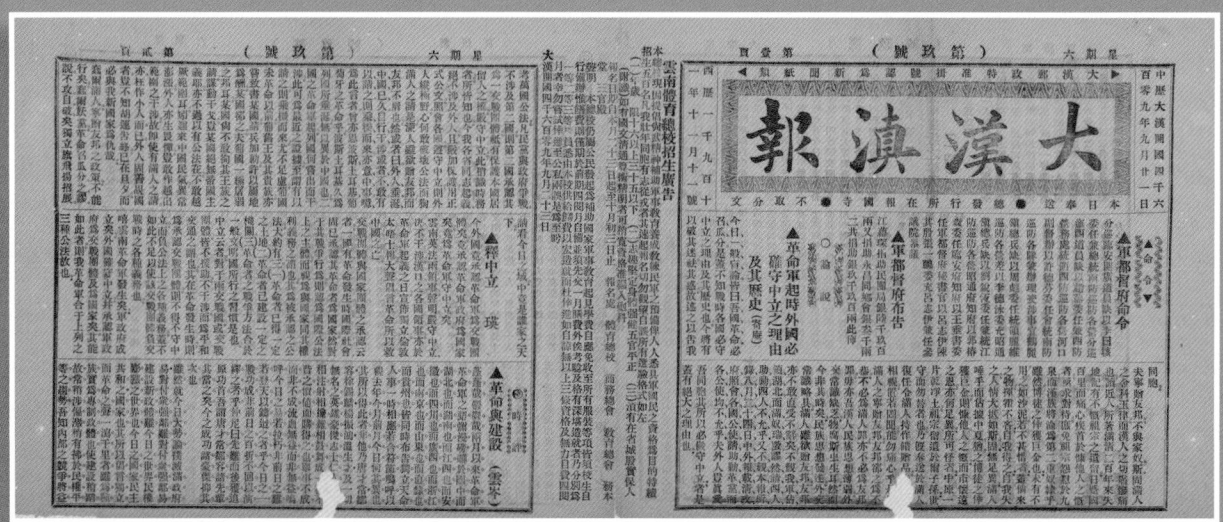

民国初年云南创办的进步报纸《大汉滇报》

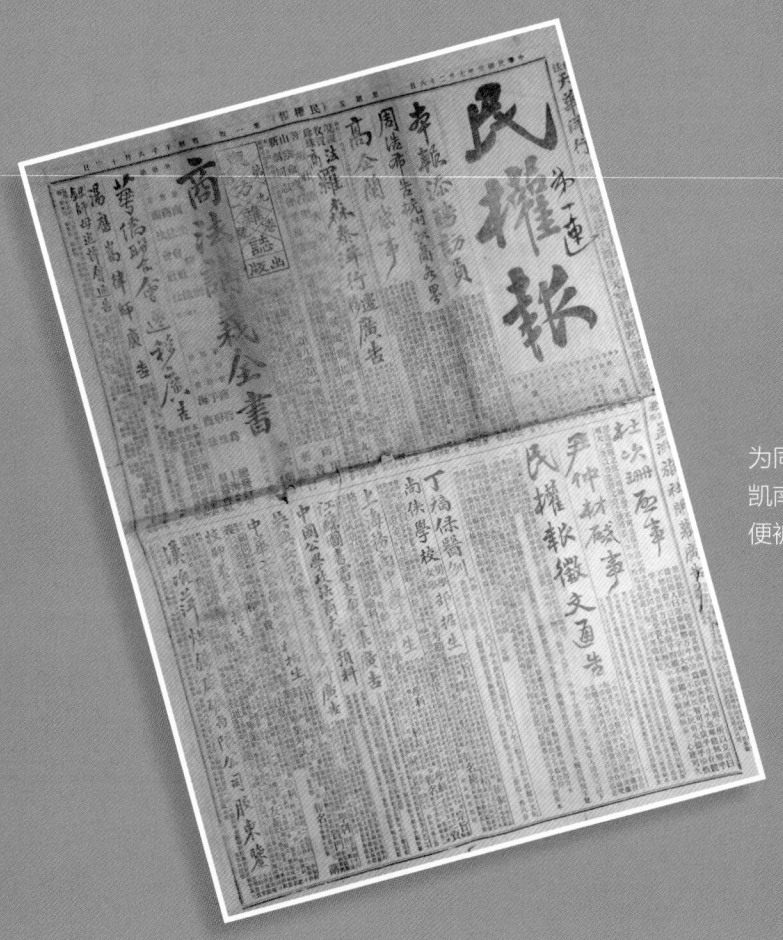

《民权报》1912年3月28日创刊于上海，为同盟会主要舆论工具，创刊本意是敦促袁世凯南京就职，后来成反袁读物，仅出版一年多便被迫停刊。

《民主报》

《民舌报》

第三章　世纪阅报馆

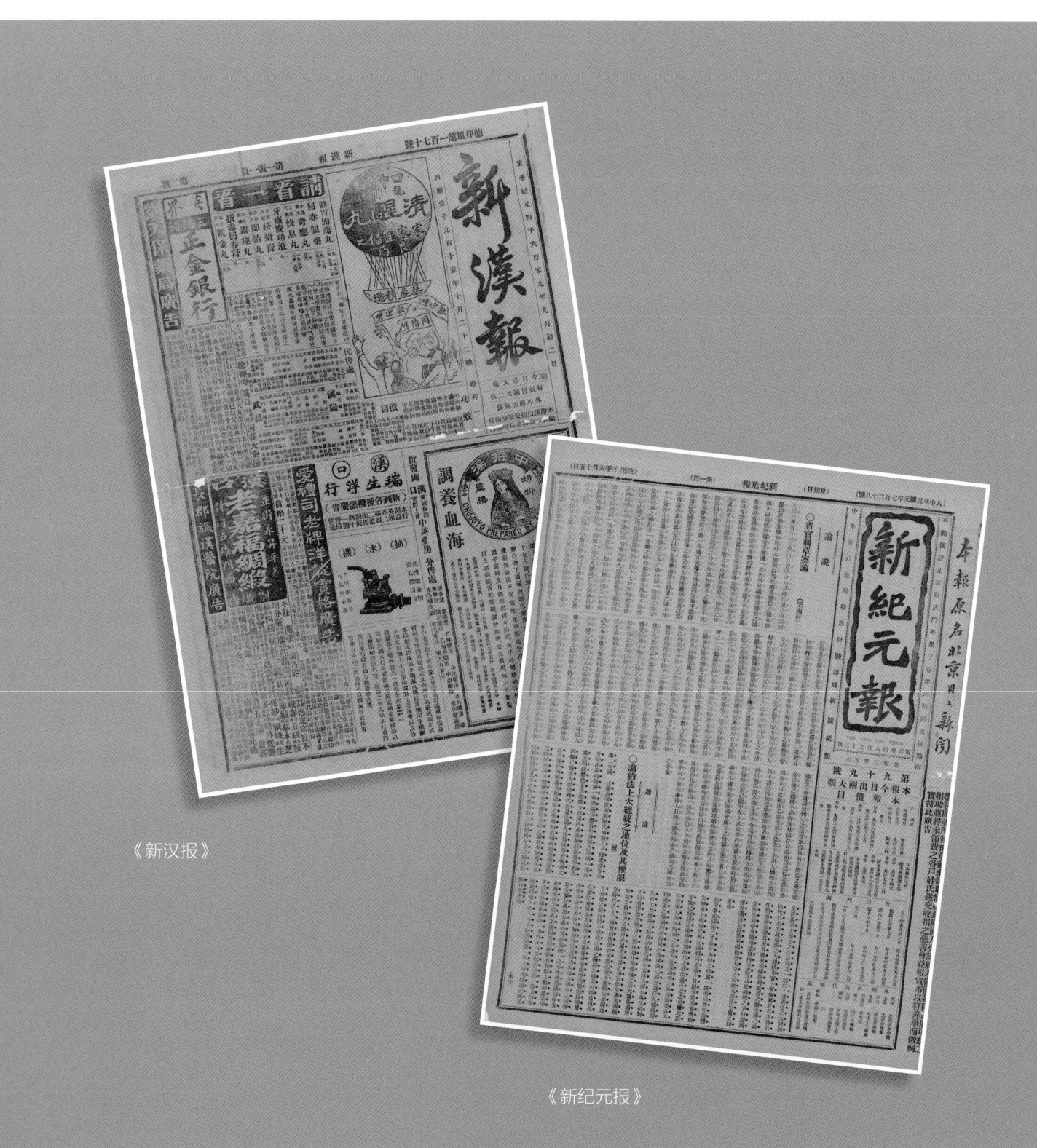

《新汉报》

《新纪元报》

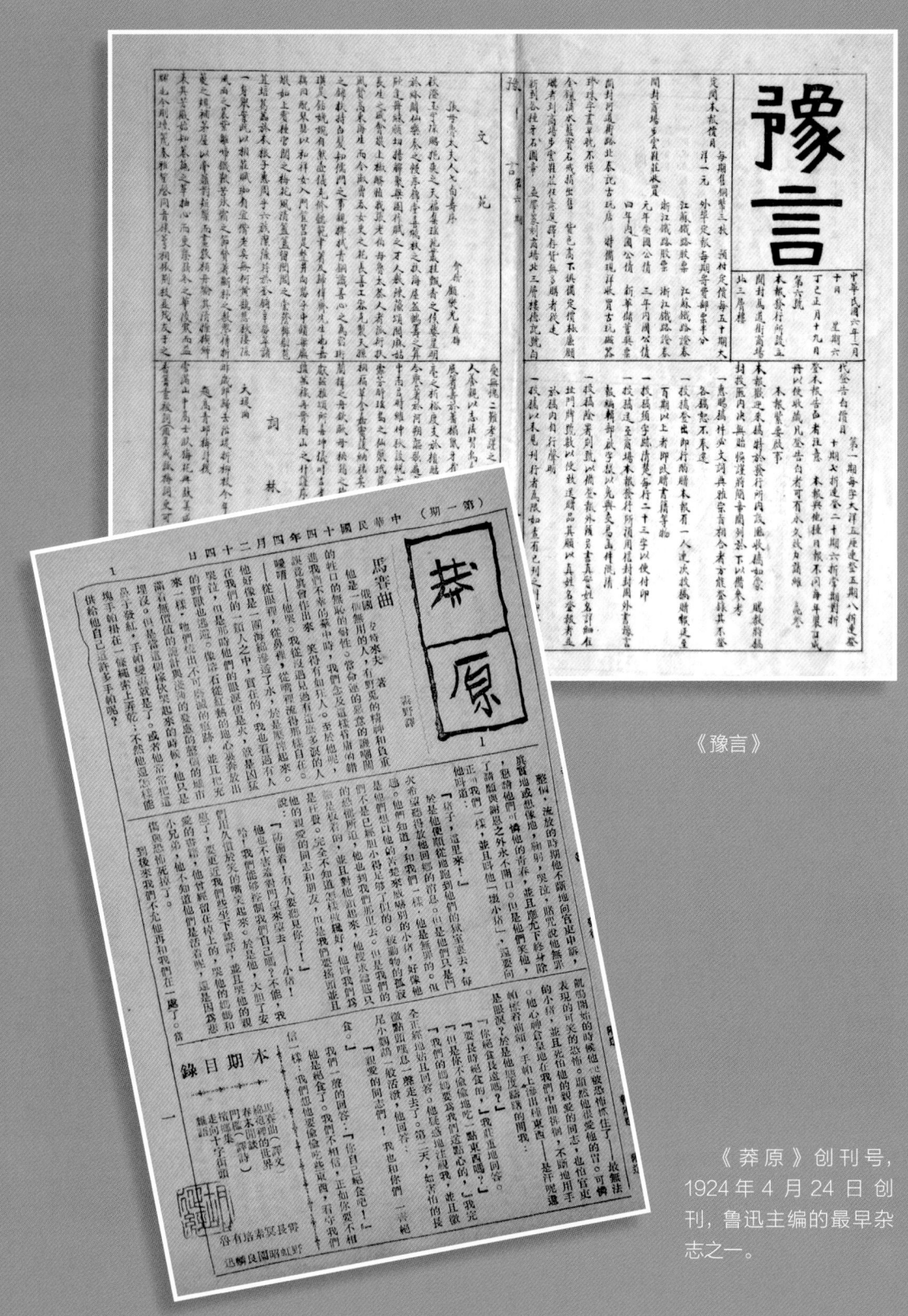

《豫言》

《莽原》创刊号，1924年4月24日创刊，鲁迅主编的最早杂志之一。

4. 民国画报

与清代手绘画报不同，民国画报大多是照相制版新闻纸或铜版纸，因为所使用的图片来自现场拍照，所以纪实性强，史料价值高。民国画报有两大类，一种是报纸的附张，由报社作为副产品出版；一种是专业期刊，如《良友》画报、《大众》《美术生活》，大者八开，小者十六开；图片印刷精良，历史价值非常高。

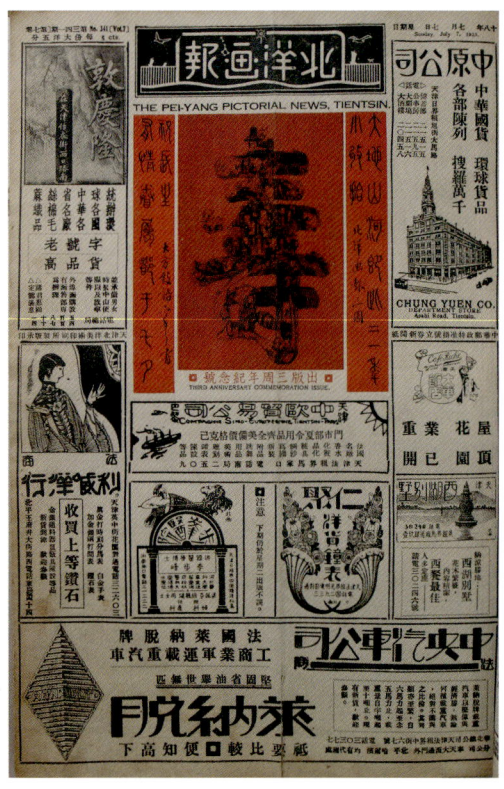

1929 年 7 月 7 日的《北洋画报》

1929 年 11 月 24 日的《辽宁新报·星期画报》

1926年11月《良友》第10期孙中山纪念特刊。

1935年良友杂志社出版的《大众》画报

《艺文画报》

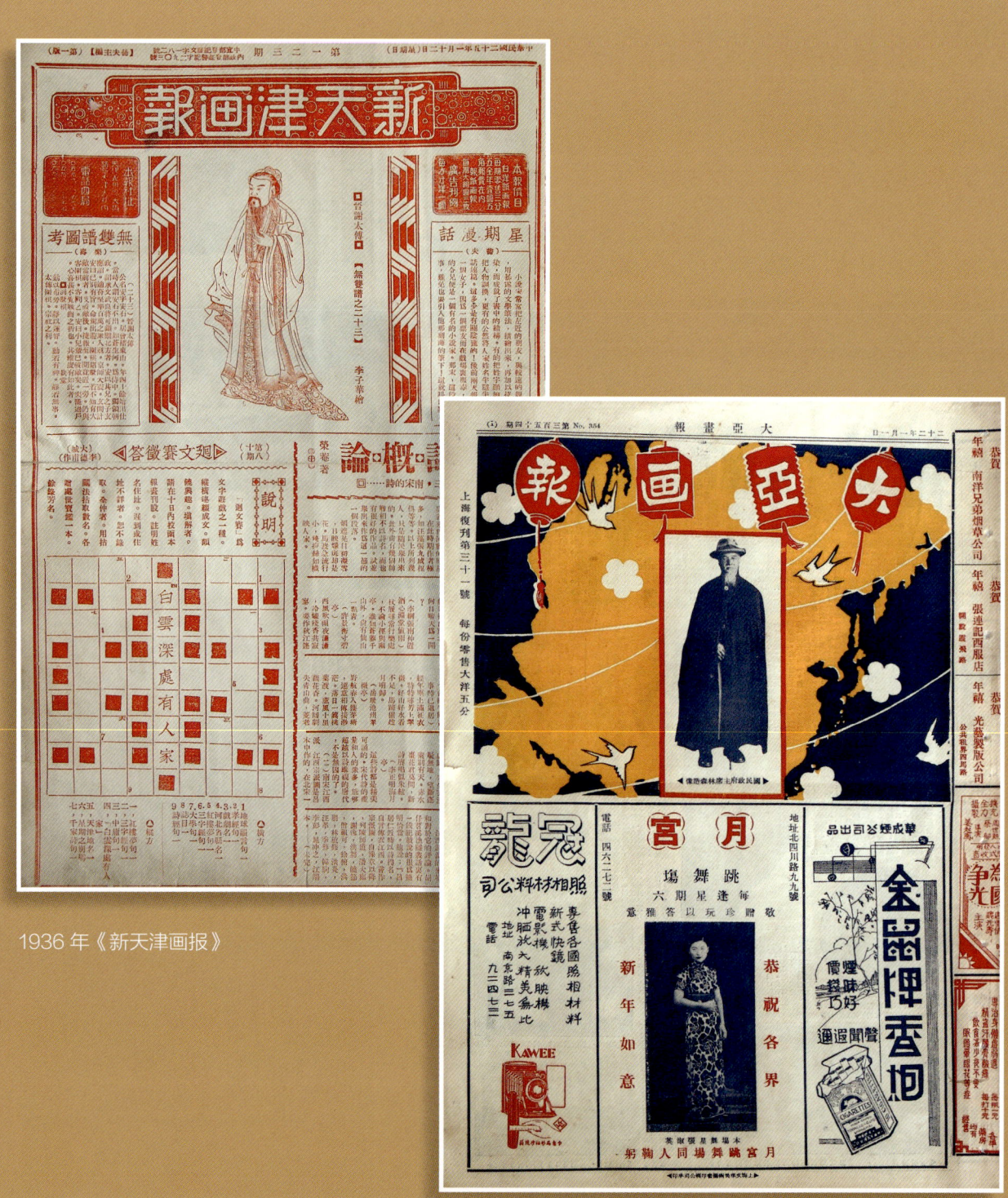

1936年《新天津画报》

1933年1月1日《大亚画报》

5. 红色报刊

中国共产党的诞生得益于马克思主义在中国的传播，而马克思主义的传播又得益于五四运动时期的报刊媒体，《新青年》《少年中国》《觉悟》等都是最早传播进步思想的重要工具。中国共产党成立前后，相继出版了《共产党》《劳动音》《劳动周刊》等，为中国革命的前进指明了方向。

陈独秀、李大钊创办的早期革命读物《新青年》。

受五四运动影响，北京大学少年中国学会创办了《少年中国》，李大钊、毛泽东、张闻天等都是学会成员。李大钊曾担任主编。

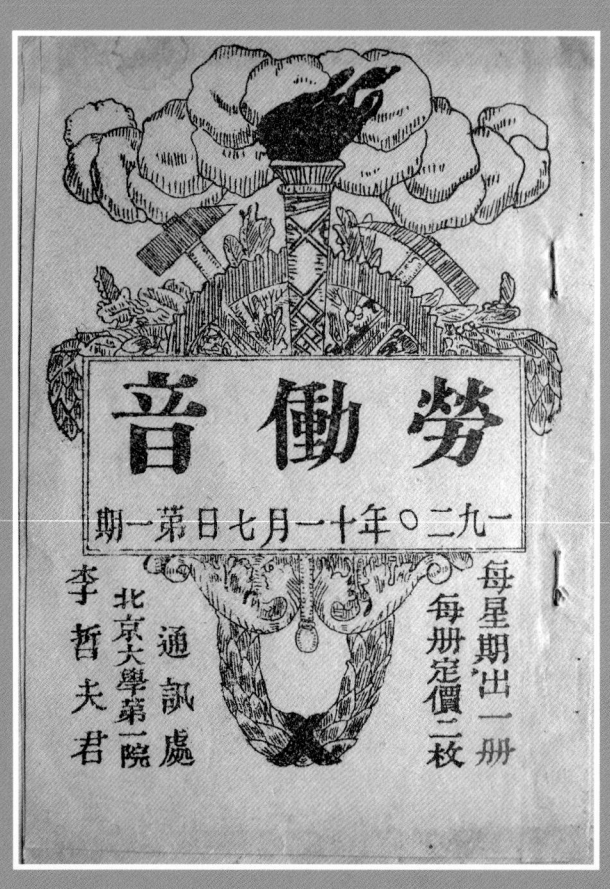

1920年11月7日《劳动音》第一期

1920年11月7日《共产党》月刊第一号

第二单元　老北京新闻报

北京是历史名都，报纸出版业仅次于上海。但因战争、历次政治运动等因素影响，北京本地保存下来的实物极少，图书馆、档案馆都极难一见。为充分展示老北京报纸的风采，特设一个单元专题展出。

1. 清代北京报

北京最早的新闻报是 1872 年传教士所办《中西闻见录》。1904 年以后一度盛行白话报。因地处天子脚下，报人办报很拘谨，虽出现几位敢于针

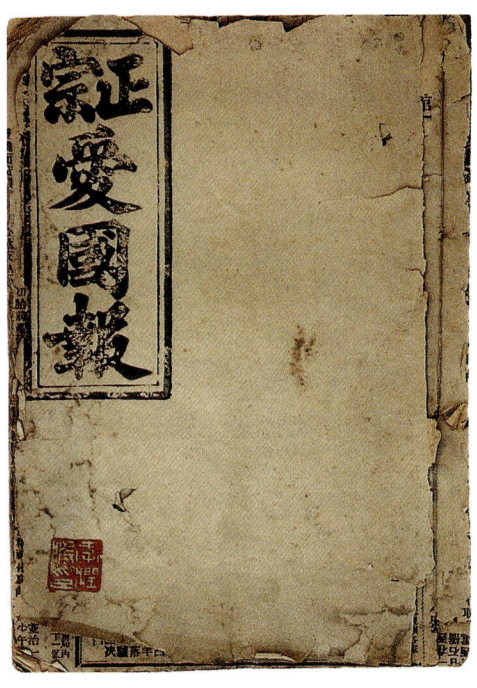

宣统元年（1909）《正宗爱国报》，1906 年 11 月 16 日丁宝臣创办。

砭时弊，替老百姓说话的，但最终都遭受当局迫害：白话报人彭翼仲因触怒当局被流放新疆，以评论时政为民所爱的报人林白水、邵飘萍被残杀。

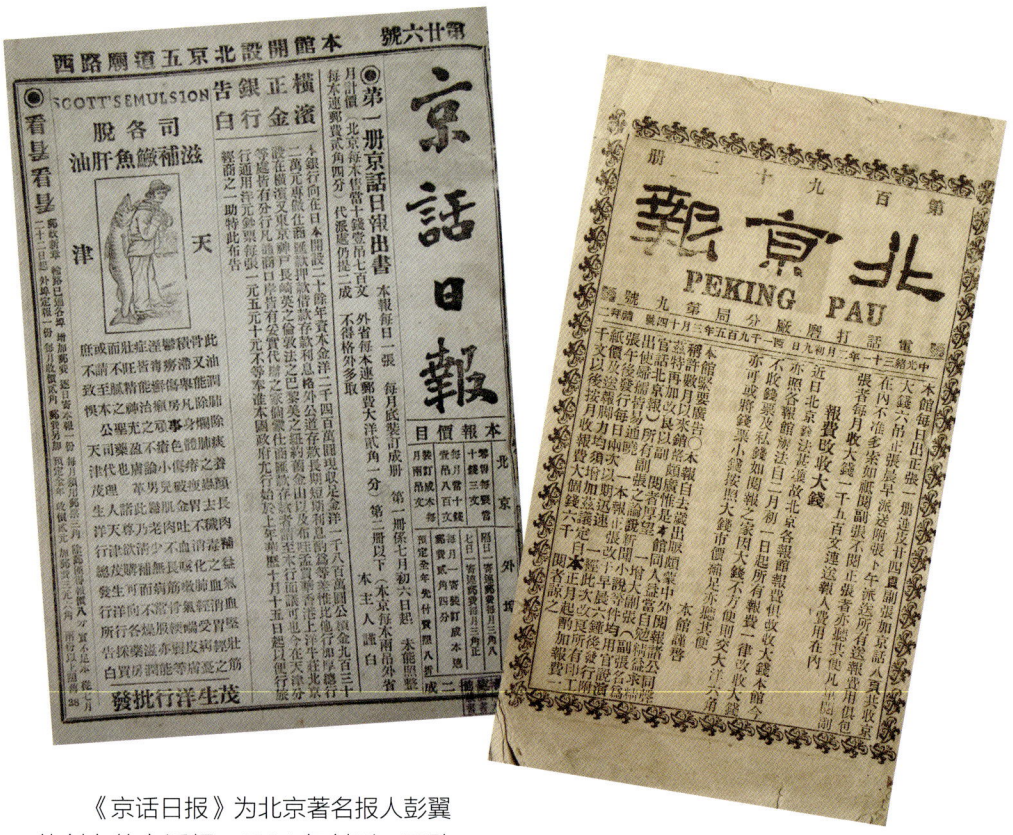

《京话日报》为北京著名报人彭翼仲创办的白话报，1904年创刊，因敢于揭露时弊，报料朝政弊端而多次遭查封。是晚清知名度最高的报纸之一。

《北京报》1904年8月15日由德人创办，聘华人朱淇、李承恩、张展云为编辑。1905年8月16日改名《北京日报》。

2. 民国北京报

民国时期，北京报业受政治局势影响时起时伏，总体讲报纸的样式和版面比较持重，报头也正规大方。但由于很少有人刻意保存，以至于民国初期的《北京报》存世极少，国家图书馆和相关博物馆都难觅踪迹。

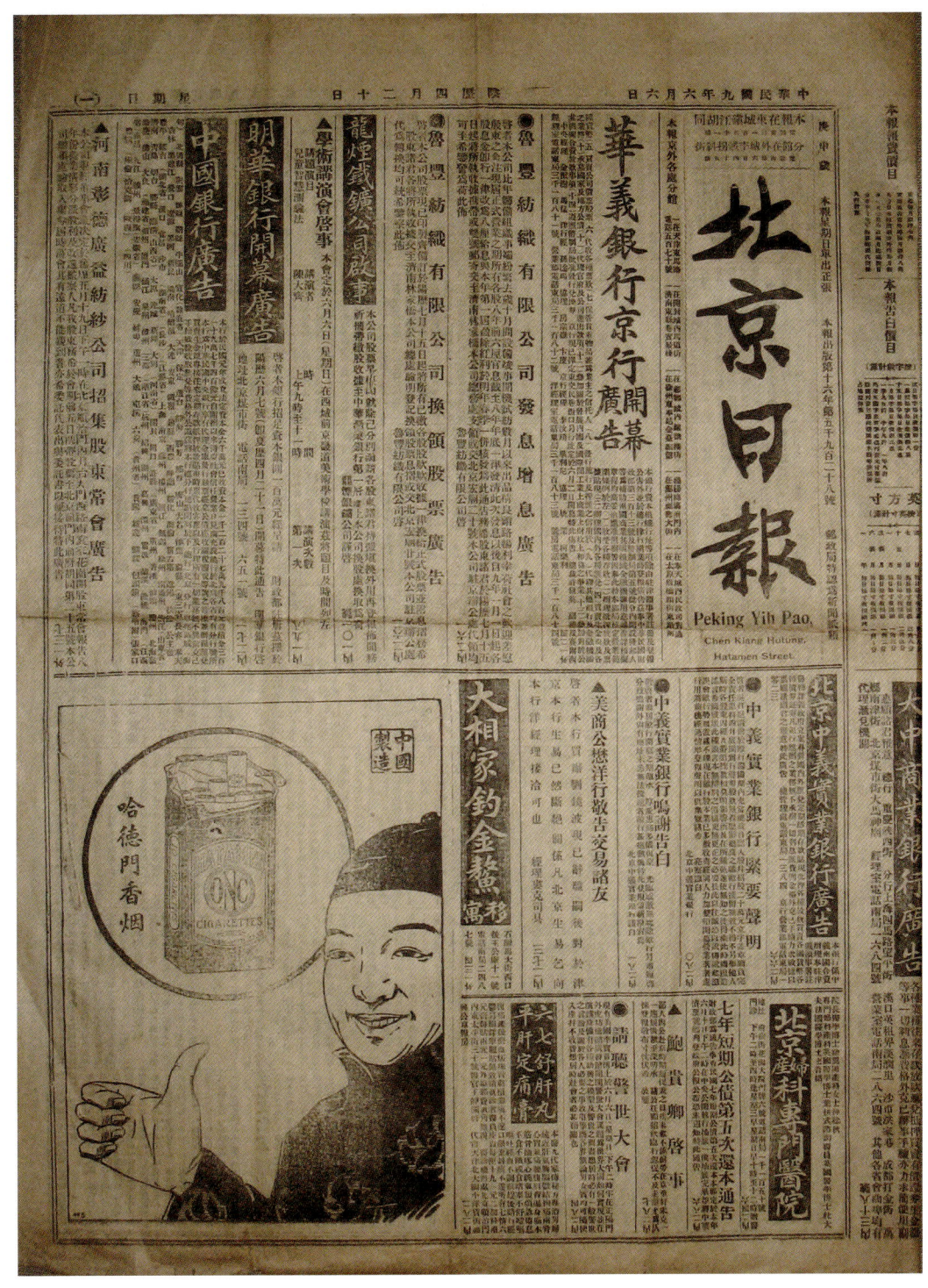

《北京日报》原为《北京报》，1906年后转给买办朱淇，一直延续到1926年还在发行，是老北京很有影响的报纸。

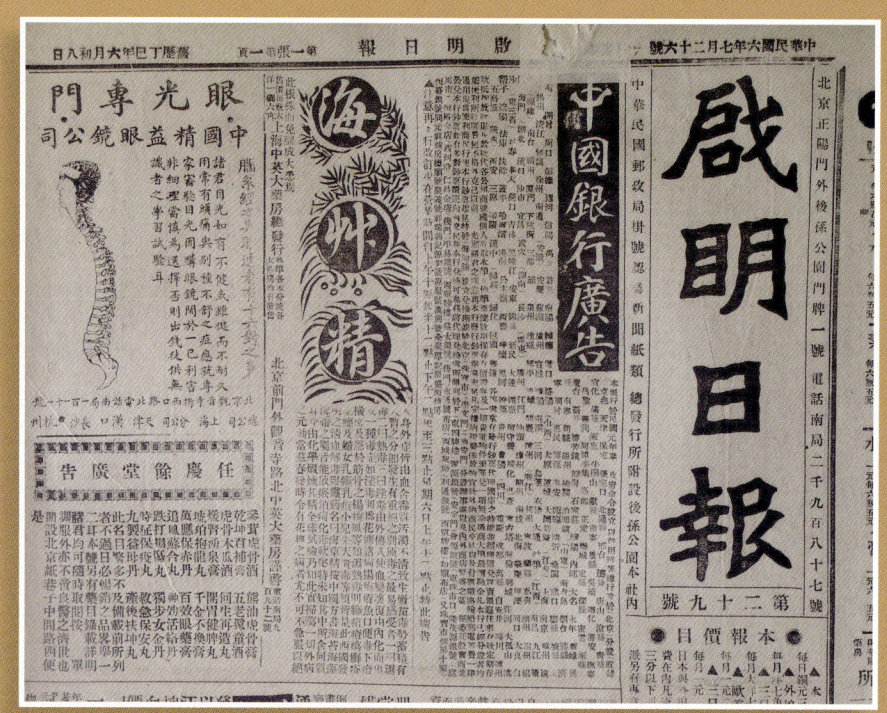

1917年北京《启明日报》

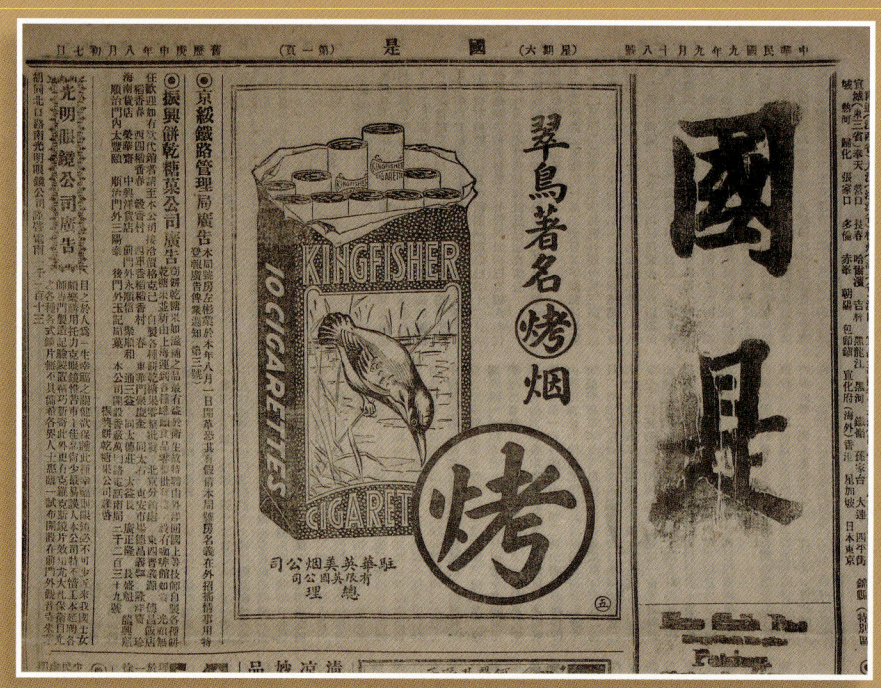

1920年北京《国是》报。

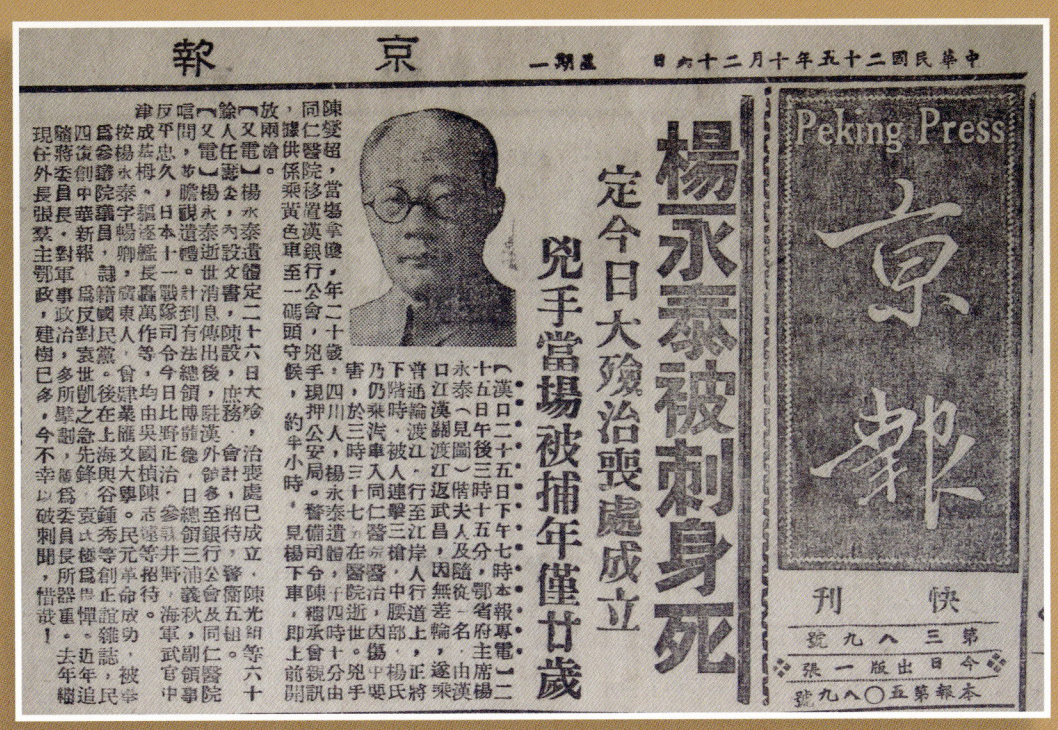

《京报》为著名报人邵飘萍创办,1926年邵飘萍被害后,夫人汤修慧接办。

北京《民生日报》创刊号(1926年5月1日)

1927年《泰晤士报》

1923年《正议日报》

第三节 抗战报刊

抗日战争爆发后,全国报界迅速掀起抗日宣传高潮,并迅速创办了一批以宣传抗日为使命的报刊,内中影响最大的是上海《救亡日报》《抗战》三日刊。国民党主流媒体《中央日报》《扫荡报》,共产党方面的《新华日报》《群众》及在日本占据上海后秘密主办的《每日译报》,都是当时最响亮的战斗号角。社会报纸如《大公报》《申报》《世界日报》等最初也积极投入抗日宣传。日本占据华北、华东和华南主要城市后,国共抗日舆论随着领导机关的战略转移有增无减,而社会报则大多被日军迫害,或停刊或被日伪所利用。

After the outbreak of the Anti-Japanese War, the national press quickly aroused an anti-Japanese propaganda upsurge and a batch of newspapers and periodicals designed to take anti-Japanese propaganda as the mission emerged quickly; of which, Shanghai's *Salvation Daily* and Three-day Periodical of

Anti-Japanese War had the greatest influence. The mainstream media of Kuomintang, such as *Central Daily* and *Mop-up Daily*, the Communist Party's *Xinhua Daily*, the *Masses* as well as *Translation Daily* which was secretly sponsored after Japan occupied Shanghai were all the loudest fighting horns in those days. Social newspapers such as *Ta Kung Pao*, *Shanghai Daily* and *World Daily* also threw themselves into anti-Japanese propaganda actively at first. After Japan occupied the main cities in North China, East China and South China, with the strategic shift of leading bodies, the anti-Japanese public opinions from Kuomintang and the Communist Party increased instead of reduced, while most of social newspapers were persecuted by the Japanese army, they were suspended or utilized by Japanese puppet regime.

第一单元　抗日战争时期报业

　　日军为达到侵华目的，九一八事变后在东北扶植一个"伪满洲国"，不久在华北又扶植一个"伪冀东防共自治政府"。因感觉蚕食华北很难，于是在1937年7月，借口制造事端，发动卢沟桥事变，国民党守军立即起来抵抗。七七事变爆发后，国共两党合作，团结全国人民抵御日本侵略，经八年艰苦抵抗，终于战胜敌人。

　　抗日战争期间许多爱国人士在险恶的环境下也创办了不少抗日报刊，冒着生命危险积极进行抗日救国宣传。如在天津沦陷后不久，便有二十余种小型抗日报刊秘密出版，有工人组织创办的《炼铁工》，新闻工作者高仲名的《纪事报》《突击》《抗战》《火线》《后发》等油印小报。在上海出版的抗日救亡报刊有《抗战》（后改为《抵抗》）、《救亡日报》《救亡周刊》《文化战线》《战时妇女》等。

抗战爆发后，延安是我党革命新闻事业的发展中心。我党十分重视舆论宣传作用，节约资金出版报刊，八年间共出版各种报刊1000多种，大多为地方简单印刷。影响最大的是《晋察冀日报》《解放日报》《晋察冀画报》《新华日报》等。

1945年5月，德国战败投降后，美、英、苏三国联合发布《波茨坦公告》，逼日投降。然而，日本仍迷信武力，继续顽抗。于是美国相继对日本本土投放了两颗原子弹，日本天皇在面临灭顶之灾的强大压力下，终于向中、美、英、苏四国请求无条件投降。世纪阅报馆珍藏了成系列的抗战胜利时期的各大报刊，特地展示了最关键那一天中国、主受降国美国和战败国日本三国的大报，至为珍贵。

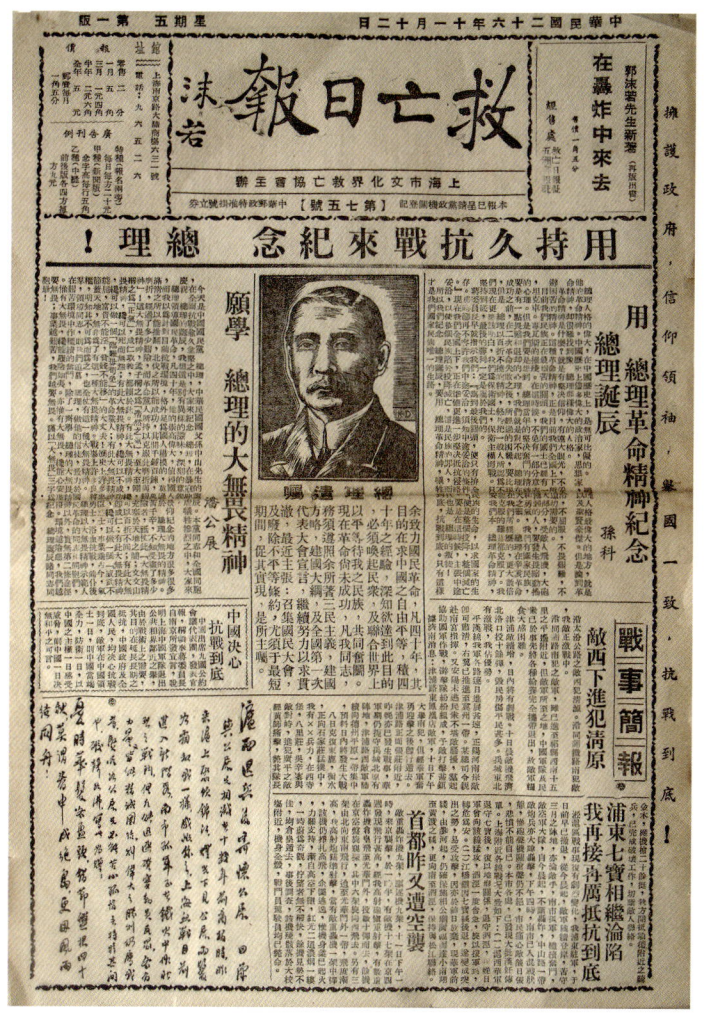

1937年"八一三上海战役"打响后，全国抗战高潮掀起，国民党政府和中共中央达成协议，共同抗战。9月，在上海合作出版《救亡日报》，夏衍担任总编。

1937年北京出版的《中国人》共出版五期便告停刊.

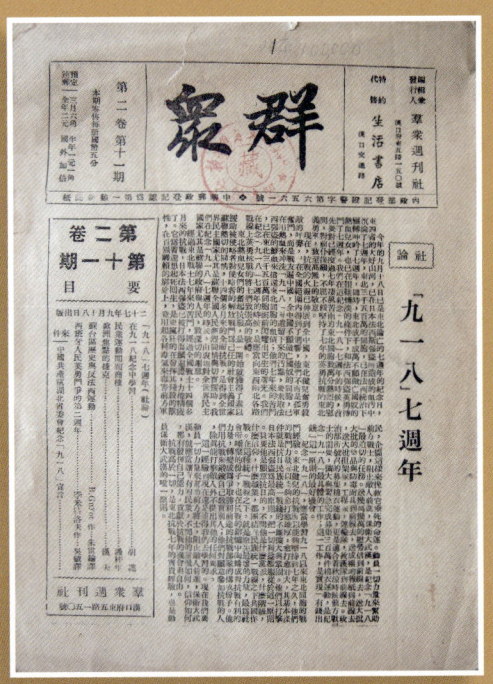

1938年5月共产党在武汉出版的抗日读物《群众》.

《大声》

1945年出版的《晋察冀画报》

《大美画报》第八期,封面人物为中共领袖毛泽东

《大美画报》第七期,封面人物为八路军总司令朱德.

《大美画报》第九期,封面人物为周恩来

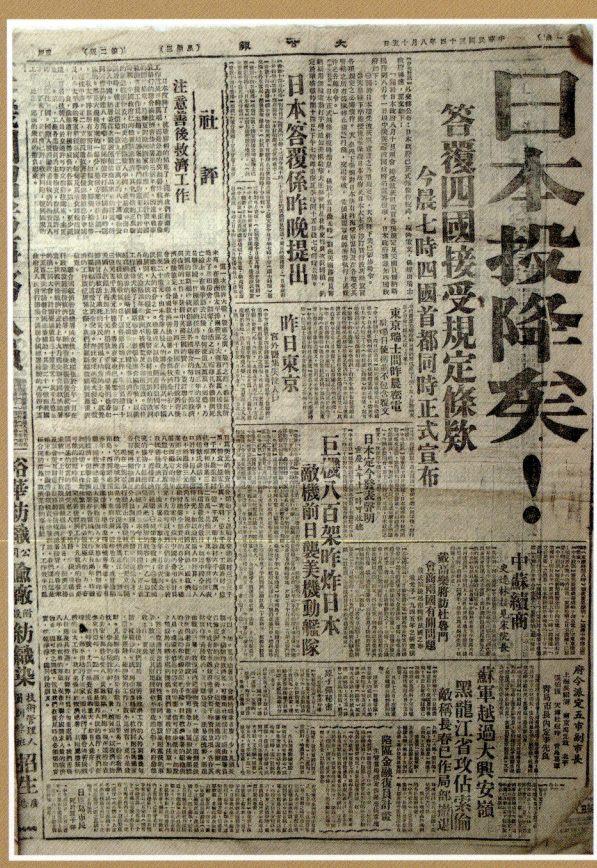 

1945年8月15日《大公报》以特号字为标题，报道日本投降。

1945年8月15日美国《太阳报》报道抗日战争胜利。

第二单元　解放战争报业

抗战争胜利后，国共两党分歧日深。国民党政府以军政统一为借口，欲解除中共武装，而中共则称军政统一可以，但须建立联合政府，取消独裁统治。为此，双方再次兵戎相见。开始，国民党自恃军事强大，又有美、英支持，首先动手，中共则奋力抵御。经一年鏖战，中共凭借巧妙的战术和解放区人民的支援，扭转局面；第二年后逐步变被动为主动；到第三年，国民党内部军心涣散，阵脚大乱，于是很快败北。

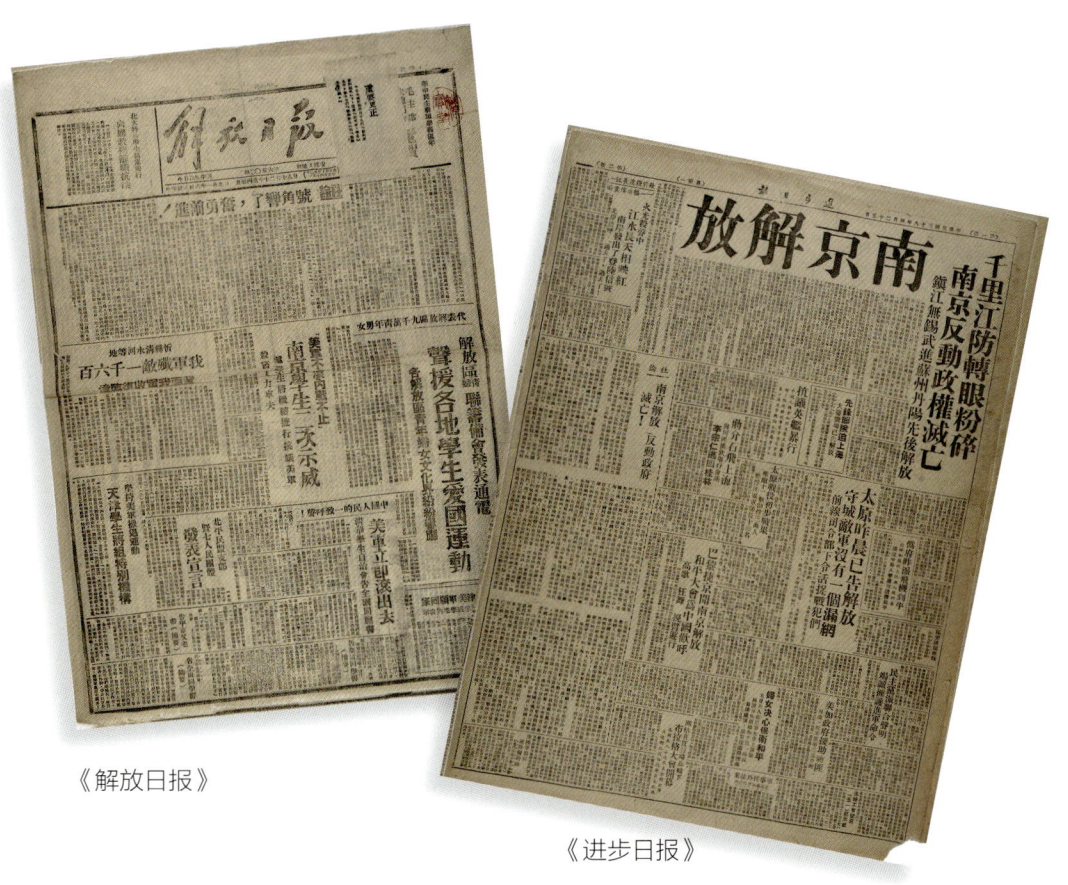

《解放日报》　　　《进步日报》

第三单元　国统区报刊

日本投降后，中国进入和平时期，上海、北京等大城市的报人纷纷创办了一批具有报刊双重性质的异型报，有长、方两种，有报头，册装，每册8页至12页不等，封面和封底彩色，订书钉骑缝装订，报道的内容大多为休闲文化，如喜剧名角、电影明星动态、逸闻等。

抗日战争胜利后，人民期盼和平，但国民党政府不顾人民反对，坚持军政统一，实行一党专制，并凭借合法地位和优良的武力欲慑服一切不从者。各党派团体当然不服，于是各进步团体利用自身优势，创办报刊，或公开或隐蔽，支持中共合理主张。这些报刊大多寿命不长，有的仅出版一两期便被封杀。

1946年《风光》周报第十期

1946年《上海特写》第十四期

《政治观察》第一卷第一期

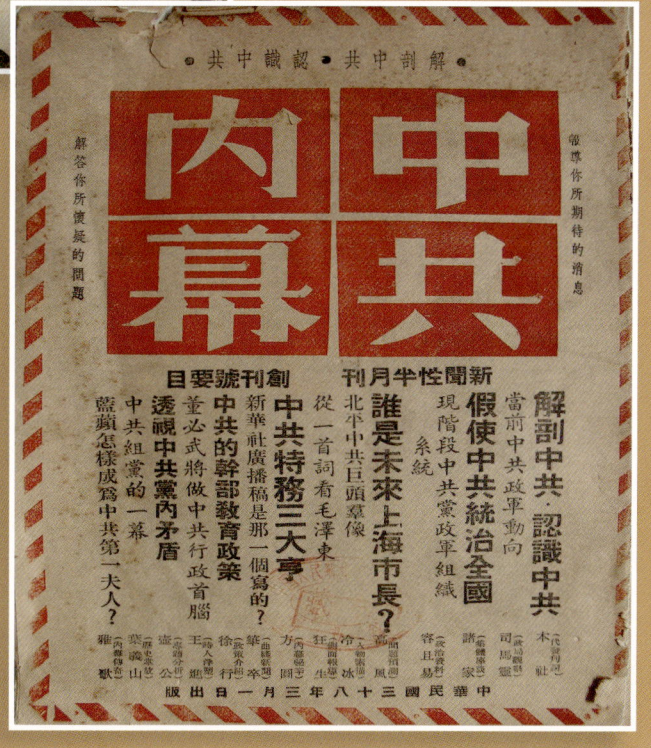

《中共内幕》

第四单元　记录中共早期动态的外国文献

本馆珍藏一批早期外文书籍和报刊，有英、德、俄、日等几国语种，以介绍中共诞生、国共合作、北伐战争、苏维埃政权为主。其中既有美、俄的正面客观介绍，也有日本为研究战争提供参考的真实叙述。英文版主要有1927年《中国内战》、1932年《中国红色政权》、1934年《中国苏维埃》《中华苏维埃共和国基本法律》、1935年《中国大众》、1936年《中国红军在前进》、

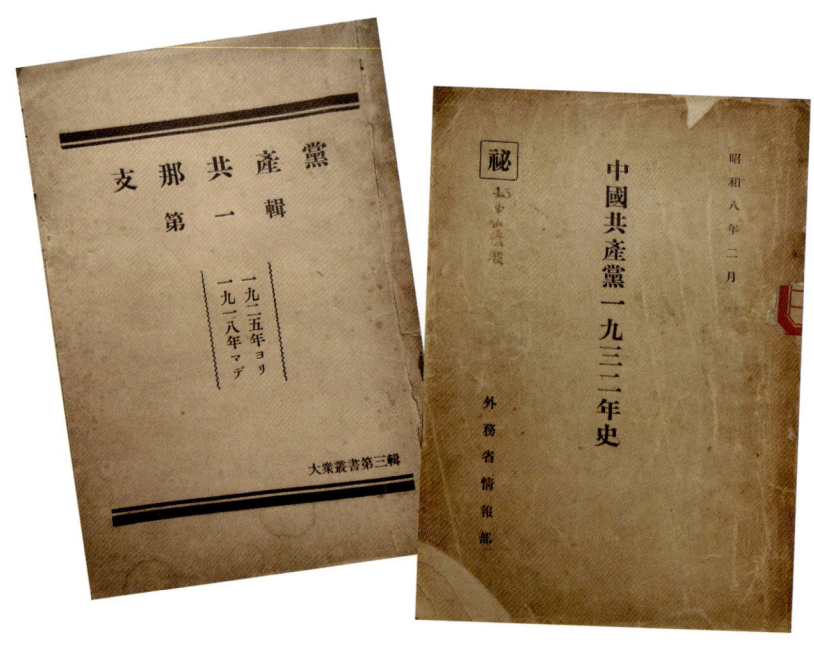

1925年（日文版）《支那共产党》，日本情报机关收集中共建党初期史料甚为丰富，是研究中共党史的重要依据。

1932年《中国共产党一九三二年史》，日本情报机关收集中共各方面情报汇编成册。客观为我党保存了珍贵史料。

1937年《苏维埃民主》；日文版主要有1927年《现代支那研究》、1930年《支那共产党》、1933年《谈中国的共产运动》《中共年史》、1937年《赤色支那》等。老报纸有1866年马克思创办的《新莱茵报》、苏联的《真理报》、美国的《丹佛尔邮报》《太阳报》《生活》杂志等。

1932年（英文版）《中国红色政权》

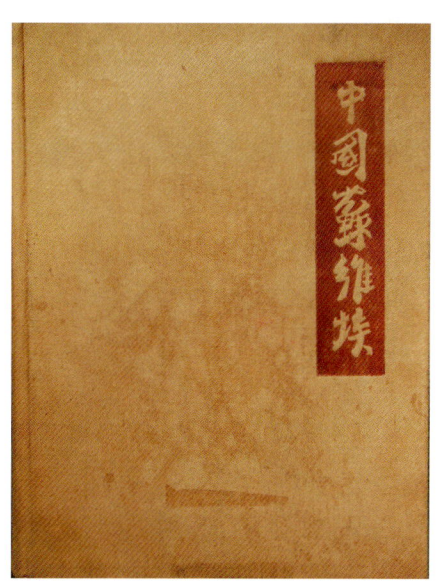

1935年（俄文版）《中国苏维埃》

1938年（英文版）《中国红军》

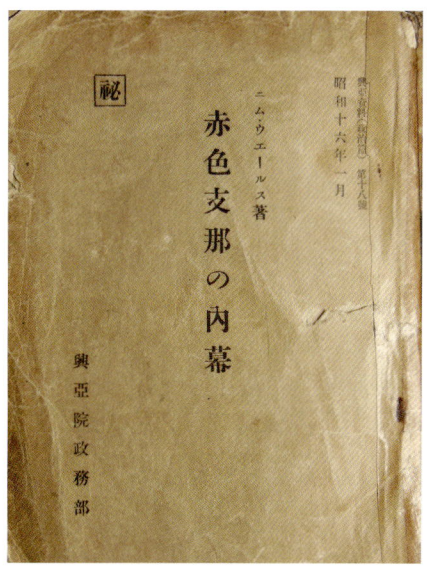

1941年（日文版）《赤色支那内幕》

第四节 新中国新时代

1948年6月解放区连成一片，成立华北人民政府，将晋冀鲁豫解放区的《人民日报》和晋察冀解放区的《晋察冀日报》合并，于6月15日创刊新的《人民日报》，1949年2月1日北平解放时人民日报社派200人接收国民党《华北日报》，创刊《人民日报·北平版》。不久，《人民日报》迁入，北平版停刊，仅出版41期。1949年8月1日，《人民日报》升格为中共中央机关报，出版至今。

1978年党的十一届三中全会以后，党中央在邓小平同志的主持下，毅然决然突破旧的模式，坚定实施改革开放。据统计，从1980年1月1日至1985年3月1日这段时间内，全国新创办的报纸总数达1008家，平均不到两天就有一家新的报纸问世。正是因为报纸像雨后春笋般涌现，一个以党报为中心，多层次、多品种的报业新格局初步形成。进入20世纪90年代，尤其是1992年邓小平同志"南方谈话"之后，整个中国经济的市场化进程大大加速，报业市场化进程的步伐也明显加快。报业不仅是社会主义精神文明建设的主力军，同时也成了创利能力很强的一个新兴的文化产业。其主流是"贴近实际、贴近群众、贴近生活"，积极宣传党和国家的方针政策，努力反映社会生活和人民群众的喜、怒、哀、乐，在相当程度上做到了党的要求与人民群众的需要相结合，成为城市居民生活中不可缺少的精神食粮，成为党和人民都满意的报纸。

《人民日报·北平版》创刊号。

晋察鲁豫中央局机关报《人民日报》创刊号。

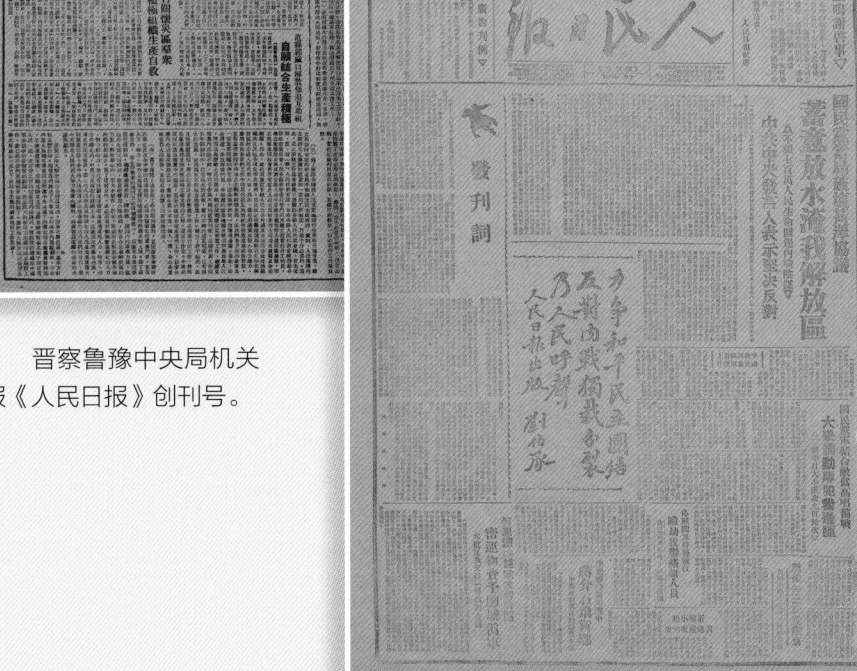

华北人民政府机关报《人民日报》创刊号。

第三章 世纪阅报馆 ·225·

1949年10月2日《人民日报》

1949年10月1日《人民日报》

《北京晚报》创刊号(1958.3.15)

《北京日报》创刊号(1952.10.1)

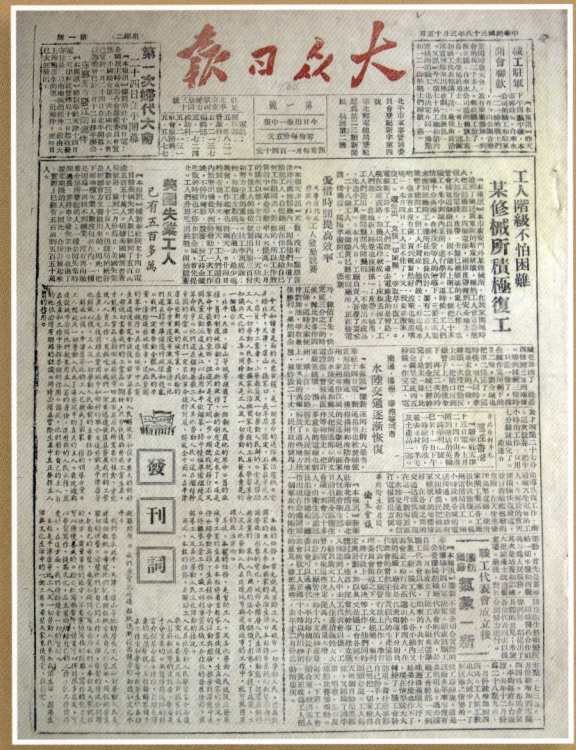
《大众日报》创刊号(1949.3.15),后改为《工人日报》

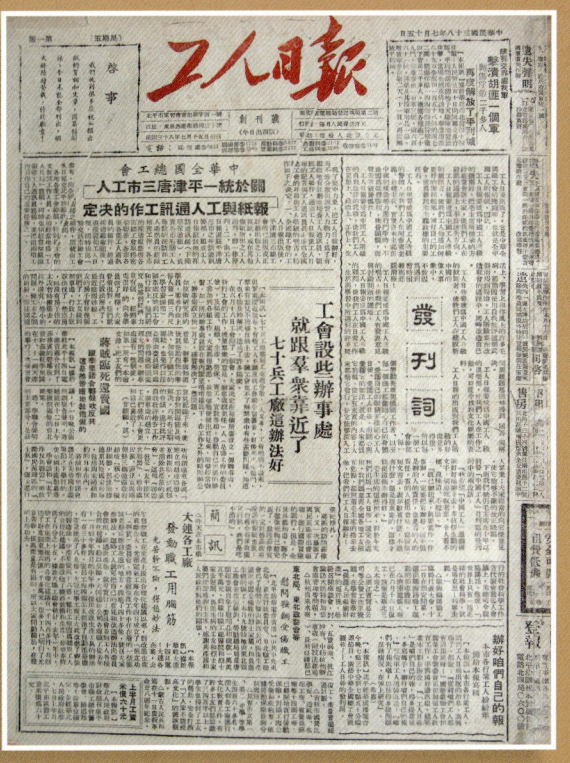
《工人日报》创刊号(1949.6.15)

后 记

平谷区博物馆是在区政府、各部门和社会各界的大力支持和深情关爱下，经过长期的辛勤建设得以完成的。平谷区博物馆是我区的重点工程，得到了几届区领导的高度重视。从2007年筹建至今，平谷区博物馆历经了文化委张兴、王振国、王文忠、崔荩四位主任，得到了文化委领导和同志们的支持和指导，在此表示深深的感谢！博物馆建设初期，柴福善、贾桂贤、王振红、丁宝华、张晓强等做了大量的前期工作。同时博物馆得到了北京市文物局和首都博物馆的大力协助，展陈大纲的编写得到首都博物馆王武钰、唐国尧、魏三纲等专家的深入指导，同时本区的燕龙生、李润波、胡尔森、胡永连等文史专家也为博物馆的筹建提出了很多宝贵意见。著名书法家欧阳中石亲自为博物馆题写了馆名。一并表示感谢！

本书编写，由博物馆王卓林、郭建立组稿，几经修改，同时得到了诸多专家的指导和博物馆同事的协助。

我们编写《平谷博物馆》，既是对平谷博物馆从无到有、从小到大的成长历程的总结，也是对各级领导和社会各界关心的工作汇报和衷心答谢。限于编者水平，错误和疏漏之处在所难免，诚请方家与读者不吝赐教。

平谷区博物馆
2018.8.16